T&P BOOKS

FINS
WOORDENSCHAT

THEMATISCHE WOORDENLIJST

NEDERLANDS FINS

De meest bruikbare woorden
Om uw woordenschat uit te breiden en
uw taalvaardigheid aan te scherpen

5000 woorden

Thematische woordenschat Nederlands-Fins - 5000 woorden
Door Andrey Taranov

Woordenlijsten van T&P Books zijn bedoeld om u woorden van een vreemde taal te helpen leren, onthouden, en bestudering. Dit woordenboek is ingedeeld in thema's en behandelt alle belangrijk terreinen van het dagelijkse leven, bedrijven, wetenschap, cultuur, etc.

Het proces van het leren van woorden met behulp van de op thema's gebaseerde aanpak van T&P Books biedt u de volgende voordelen:

- Correct gegroepeerde informatie is bepalend voor succes bij opeenvolgende stadia van het leren van woorden
- De beschikbaarheid van woorden die van dezelfde stam zijn maakt het mogelijk om woordgroepen te onthouden (in plaats van losse woorden)
- Kleine groepen van woorden faciliteren het proces van het aanmaken van associatieve verbindingen, die nodig zijn bij het consolideren van de woordenschat
- Het niveau van talenkennis kan worden ingeschat door het aantal geleerde woorden

Copyright © 2019 T&P Books Publishing

Alle rechten voorbehouden. Niets uit deze uitgave mag worden verveelvoudigd, opgeslagen in een geautomatiseerd gegevensbestand en/of openbaar gemaakt in enige vorm of op enige wijze, hetzij elektronisch, mechanisch, door fotokopieën, opnamen of op enige andere manier zonder voorafgaande schriftelijke toestemming van de uitgever. U mag dit boek niet verspreiden in welk formaat dan ook.

T&P Books Publishing
www.tpbooks.com

ISBN: 978-1-78492-361-7

Dit boek is ook beschikbaar in e-boek formaat.
Gelieve www.tpbooks.com te bezoeken of de belangrijkste online boekwinkels.

FINSE WOORDENSCHAT
nieuwe woorden leren

T&P Books woordenlijsten zijn bedoeld om u te helpen vreemde woorden te leren, te onthouden, en te bestuderen. De woordenschat bevat meer dan 5000 veel gebruikte woorden die thematisch geordend zijn.

- De woordenlijst bevat de meest gebruikte woorden
- Aanbevolen als aanvulling bij welke taalcursus dan ook
- Voldoet aan de behoeften van de beginnende en gevorderde student in vreemde talen
- Geschikt voor dagelijks gebruik, bestudering en zelftestactiviteiten
- Maakt het mogelijk om uw woordenschat te evalueren

Bijzondere kenmerken van de woordenschat

- De woorden zijn gerangschikt naar hun betekenis, niet volgens alfabet
- De woorden worden weergegeven in drie kolommen om bestudering en zelftesten te vergemakkelijken
- Woorden in groepen worden verdeeld in kleine blokken om het leerproces te vergemakkelijken
- De woordenschat biedt een handige en eenvoudige beschrijving van elk buitenlands woord

De woordenschat bevat 155 onderwerpen zoals:

Basisconcepten, getallen, kleuren, maanden, seizoenen, meeteenheden, kleding en accessoires, eten & voeding, restaurant, familieleden, verwanten, karakter, gevoelens, emoties, ziekten, stad, dorp, bezienswaardigheden, winkelen, geld, huis, thuis, kantoor, werken op kantoor, import & export, marketing, werk zoeken, sport, onderwijs, computer, internet, gereedschap, natuur, landen, nationaliteiten en meer ...

INHOUDSOPGAVE

Uitspraakgids 9
Afkortingen 10

BASISBEGRIPPEN 11
Basisbegrippen Deel 1 11

1. Voornaamwoorden 11
2. Begroetingen. Begroetingen. Afscheid 11
3. Hoe aan te spreken 12
4. Kardinale getallen. Deel 1 12
5. Kardinale getallen. Deel 2 13
6. Ordinale getallen 14
7. Getallen. Breuken 14
8. Getallen. Eenvoudige berekeningen 14
9. Getallen. Diversen 14
10. De belangrijkste werkwoorden. Deel 1 15
11. De belangrijkste werkwoorden. Deel 2 16
12. De belangrijkste werkwoorden. Deel 3 17
13. De belangrijkste werkwoorden. Deel 4 18
14. Kleuren 19
15. Vragen 20
16. Voorzetsels 20
17. Functiewoorden. Bijwoorden. Deel 1 20
18. Functiewoorden. Bijwoorden. Deel 2 22

Basisbegrippen Deel 2 24

19. Dagen van de week 24
20. Uren. Dag en nacht 24
21. Maanden. Seizoenen 25
22. Meeteenheden 27
23. Containers 28

MENS 29
Mens. Het lichaam 29

24. Hoofd 29
25. Menselijk lichaam 30

Kleding en accessoires 31

26. Bovenkleding. Jassen 31
27. Heren & dames kleding 31

28. Kleding. Ondergoed	32
29. Hoofddeksels	32
30. Schoeisel	32
31. Persoonlijke accessoires	33
32. Kleding. Diversen	33
33. Persoonlijke verzorging. Schoonheidsmiddelen	34
34. Horloges. Klokken	35

Voedsel. Voeding — 36

35. Voedsel	36
36. Drankjes	37
37. Groenten	38
38. Vruchten. Noten	39
39. Brood. Snoep	40
40. Bereide gerechten	40
41. Kruiden	41
42. Maaltijden	42
43. Tafelschikking	43
44. Restaurant	43

Familie, verwanten en vrienden — 44

45. Persoonlijke informatie. Formulieren	44
46. Familieleden. Verwanten	44

Geneeskunde — 46

47. Ziekten	46
48. Symptomen. Behandelingen. Deel 1	47
49. Symptomen. Behandelingen. Deel 2	48
50. Symptomen. Behandelingen. Deel 3	49
51. Artsen	50
52. Geneeskunde. Medicijnen. Accessoires	50

HET MENSELIJKE LEEFGEBIED — 52
Stad — 52

53. Stad. Het leven in de stad	52
54. Stedelijke instellingen	53
55. Borden	54
56. Stedelijk vervoer	55
57. Bezienswaardigheden	56
58. Winkelen	57
59. Geld	58
60. Post. Postkantoor	59

Woning. Huis. Thuis — 60

61. Huis. Elektriciteit	60

62.	Villa. Herenhuis	60
63.	Appartement	60
64.	Meubels. Interieur	61
65.	Beddengoed	62
66.	Keuken	62
67.	Badkamer	63
68.	Huishoudelijke apparaten	64

MENSELIJKE ACTIVITEITEN 65
Baan. Business. Deel 1 65

69.	Kantoor. Op kantoor werken	65
70.	Bedrijfsprocessen. Deel 1	66
71.	Bedrijfsprocessen. Deel 2	67
72.	Productie. Werken	68
73.	Contract. Overeenstemming	69
74.	Import & Export	70
75.	Financiën	70
76.	Marketing	71
77.	Reclame	72
78.	Bankieren	72
79.	Telefoon. Telefoongesprek	73
80.	Mobiele telefoon	74
81.	Schrijfbehoeften	74
82.	Soorten bedrijven	74

Baan. Business. Deel 2 77

83.	Show. Tentoonstelling	77
84.	Wetenschap. Onderzoek. Wetenschappers	78

Beroepen en ambachten 80

85.	Zoeken naar werk. Ontslag	80
86.	Zakenmensen	80
87.	Dienstverlenende beroepen	81
88.	Militaire beroepen en rangen	82
89.	Ambtenaren. Priesters	83
90.	Agrarische beroepen	83
91.	Kunst beroepen	84
92.	Verschillende beroepen	84
93.	Beroepen. Sociale status	86

Onderwijs 87

94.	School	87
95.	Hogeschool. Universiteit	88
96.	Wetenschappen. Disciplines	89
97.	Schrift. Spelling	89
98.	Vreemde talen	90

Rusten. Entertainment. Reizen 92

99. Trip. Reizen 92
100. Hotel 92

TECHNISCHE APPARATUUR. VERVOER 94
Technische apparatuur 94

101. Computer 94
102. Internet. E-mail 95
103. Elektriciteit 96
104. Gereedschappen 96

Vervoer 99

105. Vliegtuig 99
106. Trein 100
107. Schip 101
108. Vliegveld 102

Gebeurtenissen in het leven 104

109. Vakanties. Evenement 104
110. Begrafenissen. Begrafenis 105
111. Oorlog. Soldaten 105
112. Oorlog. Militaire acties. Deel 1 106
113. Oorlog. Militaire acties. Deel 2 108
114. Wapens 109
115. Oude mensen 111
116. Middeleeuwen 112
117. Leider. Baas. Autoriteiten 113
118. De wet overtreden. Criminelen. Deel 1 114
119. De wet overtreden. Criminelen. Deel 2 115
120. Politie. Wet. Deel 1 116
121. Politie. Wet. Deel 2 117

NATUUR 119
De Aarde. Deel 1 119

122. De kosmische ruimte 119
123. De Aarde 120
124. Windrichtingen 121
125. Zee. Oceaan 121
126. Namen van zeeën en oceanen 122
127. Bergen 123
128. Bergen namen 124
129. Rivieren 124
130. Namen van rivieren 125
131. Bos 125
132. Natuurlijke hulpbronnen 126

De Aarde. Deel 2 — 128

133. Weer — 128
134. Zwaar weer. Natuurrampen — 129

Fauna — 130

135. Zoogdieren. Roofdieren — 130
136. Wilde dieren — 130
137. Huisdieren — 131
138. Vogels — 132
139. Vis. Zeedieren — 134
140. Amfibieën. Reptielen — 134
141. Insecten — 135

Flora — 136

142. Bomen — 136
143. Heesters — 136
144. Vruchten. Bessen — 137
145. Bloemen. Planten — 138
146. Granen, graankorrels — 139

LANDEN. NATIONALITEITEN — 140

147. West-Europa — 140
148. Centraal- en Oost-Europa — 140
149. Voormalige USSR landen — 141
150. Azië — 141
151. Noord-Amerika — 142
152. Midden- en Zuid-Amerika — 142
153. Afrika — 143
154. Australië. Oceanië — 143
155. Steden — 143

UITSPRAAKGIDS

T&P fonetisch alfabet	Fins voorbeeld	Nederlands voorbeeld
[·]	juomalasi [juoma·lasi]	hoge punt
[:]	aalto [a:lto]	lange klinker

Klinkers

[a]	hakata [hakata]	acht
[e]	ensi [ensi]	delen, spreken
[i]	musiikki [musi:kki]	bidden, tint
[o]	filosofi [filosofi]	overeenkomst
[u]	peruna [peruna]	hoed, doe
[ø]	keittiö [kejttiø]	neus, beu
[æ]	määrä [mæ:ræ]	Nederlands Nedersaksisch - dät, Engels - cat
[y]	Bryssel [bryssel]	fuut, uur

Medeklinkers

[b]	banaani [bana:ni]	hebben
[d]	odottaa [odotta:]	Dank u, honderd
[dʒ]	Kambodža [kambodʒa]	jeans, jungle
[f]	farkut [farkut]	feestdag, informeren
[g]	jooga [jo:ga]	goal, tango
[j]	suojatie [suojatæ]	New York, januari
[h]	ohra [ohra]	het, herhalen
[ɦ]	jauhot [jauɦot]	hitte, hypnose
[k]	nokkia [nokkia]	kennen, kleur
[l]	leveä [leveæ]	delen, luchter
[m]	moottori [mo:ttori]	morgen, etmaal
[n]	nainen [najnen]	nemen, zonder
[ŋ]	ankkuri [aŋkkuri]	optelling, jongeman
[p]	pelko [pelko]	parallel, koper
[r]	raketti [raketti]	roepen, breken
[s]	sarastus [sarastus]	spreken, kosten
[t]	tattari [tattari]	tomaat, taart
[ʋ]	luvata [luʋata]	als in Noord-Nederlands - water
[ʃ]	šakki [ʃakki]	shampoo, machine
[tʃ]	Chile [tʃile]	Tsjechië, cello
[z]	kazakki [kazakki]	zeven, zesde

AFKORTINGEN
gebruikt in de woordenschat

Nederlandse afkortingen

abn	-	als bijvoeglijk naamwoord
bijv.	-	bijvoorbeeld
bn	-	bijvoeglijk naamwoord
bw	-	bijwoord
enk.	-	enkelvoud
enz.	-	enzovoort
form.	-	formele taal
inform.	-	informele taal
mann.	-	mannelijk
mil.	-	militair
mv.	-	meervoud
on.ww.	-	onovergankelijk werkwoord
ontelb.	-	ontelbaar
ov.	-	over
ov.ww.	-	overgankelijk werkwoord
telb.	-	telbaar
vn	-	voornaamwoord
vrouw.	-	vrouwelijk
vw	-	voegwoord
vz	-	voorzetsel
wisk.	-	wiskunde
ww	-	werkwoord

Nederlandse artikelen

de	-	gemeenschappelijk geslacht
de/het	-	gemeenschappelijk geslacht, onzijdig
het	-	onzijdig

BASISBEGRIPPEN

Basisbegrippen Deel 1

1. Voornaamwoorden

ik	minä	[minæ]
jij, je	sinä	[sinæ]
hij	hän	[hæn]
zij, ze	hän	[hæn]
het	se	[se]
wij, we	me	[me]
jullie	te	[te]
zij, ze	he	[he]

2. Begroetingen. Begroetingen. Afscheid

Hallo! Dag!	Hei!	[hej]
Hallo!	Hei!	[hej]
Goedemorgen!	Hyvää huomenta!	[hyʋæ: huomenta]
Goedemiddag!	Hyvää päivää!	[hyʋæ: pæjʋæ:]
Goedenavond!	Hyvää iltaa!	[hyʋæ: ilta:]
gedag zeggen (groeten)	tervehtiä	[terʋehtiæ]
Hoi!	Moi!	[moj]
groeten (het)	tervehdys	[terʋehdys]
verwelkomen (ww)	tervehtiä	[terʋehtiæ]
Hoe gaat het?	Mitä kuuluu?	[mitæ ku:lu:]
Is er nog nieuws?	Mitä on uutta?	[mitæ on u:tta]
Dag! Tot ziens!	Näkemiin!	[nækemi:n]
Tot snel! Tot ziens!	Pikaisiin näkemiin!	[pikajsi:n nækemi:n]
Vaarwel!	Hyvästi!	[hyʋæsti]
afscheid nemen (ww)	hyvästellä	[hyʋæstellæ]
Tot kijk!	Hei hei!	[hej hej]
Dank u!	Kiitos!	[ki:tos]
Dank u wel!	Paljon kiitoksia!	[paljon ki:toksia]
Graag gedaan	Ole hyvä	[ole hyʋæ]
Geen dank!	Ei kestä kiittää	[ej kestæ ki:ttæ:]
Geen moeite.	Ei kestä	[ej kestæ]
Excuseer me, ...	Anteeksi!	[ante:ksi]
excuseren (verontschuldigen)	antaa anteeksi	[anta: ante:ksi]
zich verontschuldigen	pyytää anteeksi	[py:tæ: ante:ksi]

Mijn excuses.	Pyydän anteeksi	[py:dæn ante:ksi]
Het spijt me!	Anteeksi!	[ante:ksi]
vergeven (ww)	antaa anteeksi	[anta: ante:ksi]
alsjeblieft	ole hyvä	[ole hyʋæ]

Vergeet het niet!	Älkää unohtako!	[ælkæ: unohtako]
Natuurlijk!	Tietysti!	[tietysti]
Natuurlijk niet!	Eipä tietenkään!	[ejpæ tieteŋkæ:n]
Akkoord!	Olen samaa mieltä!	[olen sama: mieltæ]
Zo is het genoeg!	Riittää!	[ri:ttæ:]

3. Hoe aan te spreken

meneer	Herra	[herra]
mevrouw	Rouva	[rouʋa]
juffrouw	Neiti	[nejti]
jongeman	Nuori mies	[nuorimies]
jongen	Poika	[pojka]
meisje	Tyttö	[tyttø]

4. Kardinale getallen. Deel 1

nul	nolla	[nolla]
een	yksi	[yksi]
twee	kaksi	[kaksi]
drie	kolme	[kolme]
vier	neljä	[neljæ]

vijf	viisi	[ʋi:si]
zes	kuusi	[ku:si]
zeven	seitsemän	[sejtsemæn]
acht	kahdeksan	[kahdeksan]
negen	yhdeksän	[yhdeksæn]

tien	kymmenen	[kymmenen]
elf	yksitoista	[yksi·tojsta]
twaalf	kaksitoista	[kaksi·tojsta]
dertien	kolmetoista	[kolme·tojsta]
veertien	neljätoista	[neljæ·tojsta]

vijftien	viisitoista	[ʋi:si·tojsta]
zestien	kuusitoista	[ku:si·tojsta]
zeventien	seitsemäntoista	[sejtsemæn·tojsta]
achttien	kahdeksantoista	[kahdeksan·tojsta]
negentien	yhdeksäntoista	[yhdeksæn·tojsta]

twintig	kaksikymmentä	[kaksi·kymmentæ]
eenentwintig	kaksikymmentäyksi	[kaksi·kymmentæ·yksi]
tweeëntwintig	kaksikymmentäkaksi	[kaksi·kymmentæ·kaksi]
drieëntwintig	kaksikymmentäkolme	[kaksi·kymmentæ·kolme]
dertig	kolmekymmentä	[kolme·kymmentæ]
eenendertig	kolmekymmentäyksi	[kolme·kymmentæ·yksi]

tweeëndertig	kolmekymmentäkaksi	[kolme·kymmentæ·kaksi]
drieëndertig	kolmekymmentäkolme	[kolme·kymmentæ·kolme]
veertig	neljäkymmentä	[neljæ·kymmentæ]
eenenveertig	neljäkymmentäyksi	[neljæ·kymmentæ·yksi]
tweeënveertig	neljäkymmentäkaksi	[neljæ·kymmentæ·kaksi]
drieënveertig	neljäkymmentäkolme	[neljæ·kymmentæ·kolme]
vijftig	viisikymmentä	[ʋi:si·kymmentæ]
eenenvijftig	viisikymmentäyksi	[ʋi:si·kymmentæ·yksi]
tweeënvijftig	viisikymmentäkaksi	[ʋi:si·kymmentæ·kaksi]
drieënvijftig	viisikymmentäkolme	[ʋi:si·kymmentæ·kolme]
zestig	kuusikymmentä	[ku:si·kymmentæ]
eenenzestig	kuusikymmentäyksi	[ku:si·kymmentæ·yksi]
tweeënzestig	kuusikymmentäkaksi	[ku:si·kymmentæ·kaksi]
drieënzestig	kuusikymmentäkolme	[ku:si·kymmentæ·kolme]
zeventig	seitsemänkymmentä	[sejtsemæn·kymmentæ]
eenenzeventig	seitsemänkymmentäyksi	[sejtsemæn·kymmentæ·yksi]
tweeënzeventig	seitsemänkymmentäkaksi	[sejtsemæn·kymmentæ·kaksi]
drieënzeventig	seitsemänkymmentäkolme	[sejtsemæn·kymmentæ·kolme]
tachtig	kahdeksankymmentä	[kahdeksan·kymmentæ]
eenentachtig	kahdeksankymmentäyksi	[kahdeksan·kymmentæ·yksi]
tweeëntachtig	kahdeksankymmentäkaksi	[kahdeksan·kymmentæ·kaksi]
drieëntachtig	kahdeksankymmentäkolme	[kahdeksan·kymmentæ·kolme]
negentig	yhdeksänkymmentä	[yhdeksæn·kymmentæ]
eenennegentig	yhdeksänkymmentäyksi	[yhdeksæn·kymmentæ·yksi]
tweeënnegentig	yhdeksänkymmentäkaksi	[yhdeksæn·kymmentæ·kaksi]
drieënnegentig	yhdeksänkymmentäkolme	[yhdeksæn·kymmentæ·kolme]

5. Kardinale getallen. Deel 2

honderd	sata	[sata]
tweehonderd	kaksisataa	[kaksi·sata:]
driehonderd	kolmesataa	[kolme·sata:]
vierhonderd	neljäsataa	[neljæ·sata:]
vijfhonderd	viisisataa	[ʋi:si·sata:]
zeshonderd	kuusisataa	[ku:si·sata:]
zevenhonderd	seitsemänsataa	[sejtsemæn·sata:]
achthonderd	kahdeksansataa	[kahdeksan·sata:]
negenhonderd	yhdeksänsataa	[yhdeksæn·sata:]
duizend	tuhat	[tuhat]
tweeduizend	kaksituhatta	[kaksi·tuhatta]
drieduizend	kolmetuhatta	[kolme·tuhatta]
tienduizend	kymmenentuhatta	[kymmenen·tuhatta]

honderdduizend	satatuhatta	[sata·tuhatta]
miljoen (het)	miljoona	[miljo:na]
miljard (het)	miljardi	[miljardi]

6. Ordinale getallen

eerste (bn)	ensimmäinen	[ensimmæjnen]
tweede (bn)	toinen	[tojnen]
derde (bn)	kolmas	[kolmas]
vierde (bn)	neljäs	[neljæs]
vijfde (bn)	viides	[ʋi:des]
zesde (bn)	kuudes	[ku:des]
zevende (bn)	seitsemäs	[sejtsemæs]
achtste (bn)	kahdeksas	[kahdeksas]
negende (bn)	yhdeksäs	[yhdeksæs]
tiende (bn)	kymmenes	[kymmenes]

7. Getallen. Breuken

breukgetal (het)	murtoluku	[murto·luku]
half	puolet	[puolet]
een derde	kolmasosa	[kolmasosa]
kwart	neljäsosa	[neljæsosa]
een achtste	kahdeksasosa	[kahdeksasosa]
een tiende	kymmenesosa	[kymmenesosa]
twee derde	kaksi kolmasosaa	[kaksi kolmasosa:]
driekwart	kolme neljäsosaa	[kolme neljæsosa:]

8. Getallen. Eenvoudige berekeningen

aftrekking (de)	vähennyslasku	[ʋæhennys·lasku]
aftrekken (ww)	vähentää	[ʋæhentæ:]
deling (de)	jako	[jako]
delen (ww)	jakaa	[jaka:]
optelling (de)	yhteenlasku	[yhte:n·lasku]
erbij optellen	laskea yhteen	[laskea yhte:n]
(bij elkaar voegen)		
optellen (ww)	lisätä	[lisætæ]
vermenigvuldiging (de)	kertolasku	[kerto·lasku]
vermenigvuldigen (ww)	kertoa	[kertoa]

9. Getallen. Diversen

| cijfer (het) | numero | [numero] |
| nummer (het) | luku | [luku] |

telwoord (het)	lukusana	[luku·sana]
minteken (het)	miinus	[mi:nus]
plusteken (het)	plusmerkki	[plus·merkki]
formule (de)	kaava	[ka:ʋa]
berekening (de)	laskenta	[laskenta]
tellen (ww)	laskea	[laskea]
bijrekenen (ww)	laskea	[laskea]
vergelijken (ww)	verrata	[ʋerrata]
Hoeveel? (ontelb.)	Kuinka paljon?	[kujŋka paljon]
Hoeveel? (telb.)	Kuinka monta?	[kuiŋka monta]
som (de), totaal (het)	summa	[summa]
uitkomst (de)	tulos	[tulos]
rest (de)	jäännös	[jæ:nnøs]
enkele (bijv. ~ minuten)	muutama	[mu:tama]
weinig (bw)	vähän	[ʋæɦæn]
weinig (telb.)	vähän	[ʋæɦæn]
een beetje (ontelb.)	vähän	[ʋæɦæn]
restant (het)	loput	[loput]
anderhalf	puolitoista	[puoli·tojsta]
dozijn (het)	tusina	[tusina]
middendoor (bw)	kahtia	[kahtia]
even (bw)	tasan	[tasan]
helft (de)	puoli	[puoli]
keer (de)	kerta	[kerta]

10. De belangrijkste werkwoorden. Deel 1

aanbevelen (ww)	suositella	[suositella]
aandringen (ww)	vaatia	[ʋa:tia]
aankomen (per auto, enz.)	saapua	[sa:pua]
aanraken (ww)	koskettaa	[kosketta:]
adviseren (ww)	neuvoa	[neuʋoa]
afdalen (on.ww.)	laskeutua	[laskeutua]
afslaan (naar rechts ~)	kääntää	[kæ:ntæ:]
antwoorden (ww)	vastata	[ʋastata]
bang zijn (ww)	pelätä	[pelætæ]
bedreigen (bijv. met een pistool)	uhata	[uɦata]
bedriegen (ww)	pettää	[pettæ:]
beëindigen (ww)	lopettaa	[lopetta:]
beginnen (ww)	alkaa	[alka:]
begrijpen (ww)	ymmärtää	[ymmærtæ:]
beheren (managen)	johtaa	[johta:]
beledigen (met scheldwoorden)	loukata	[loukata]
beloven (ww)	luvata	[luʋata]

bereiden (koken)	laittaa	[lajtta:]
bespreken (spreken over)	käsitellä	[kæsitellæ]
bestellen (eten ~)	tilata	[tilata]
bestraffen (een stout kind ~)	rangaista	[raŋajsta]
betalen (ww)	maksaa	[maksa:]
betekenen (beduiden)	tarkoittaa, merkitä	[tarkojtta:], [merkitæ]
betreuren (ww)	katua	[katua]
bevallen (prettig vinden)	pitää	[pitæ:]
bevelen (mil.)	käskeä	[kæskeæ]
bevrijden (stad, enz.)	vapauttaa	[ʋapautta:]
bewaren (ww)	pitää, säilyttää	[pitæ:], [sæjlyttæ:]
bezitten (ww)	omistaa	[omista:]
bidden (praten met God)	rukoilla	[rukojlla]
binnengaan (een kamer ~)	tulla sisään	[tulla sisæ:n]
breken (ww)	rikkoa	[rikkoa]
controleren (ww)	tarkastaa	[tarkasta:]
creëren (ww)	luoda	[luoda]
deelnemen (ww)	osallistua	[osallistua]
denken (ww)	ajatella	[ajatella]
doden (ww)	murhata	[murhata]
doen (ww)	tehdä	[tehdæ]
dorst hebben (ww)	minulla on jano	[minulla on jano]

11. De belangrijkste werkwoorden. Deel 2

een hint geven	vihjata	[ʋihjata]
eisen (met klem vragen)	vaatia	[ʋa:tia]
excuseren (vergeven)	antaa anteeksi	[anta: ante:ksi]
existeren (bestaan)	olla olemassa	[olla olemassa]
gaan (te voet)	mennä	[mennæ]
gaan zitten (ww)	istua, istuutua	[istua], [istu:tua]
gaan zwemmen	uida	[ujda]
geven (ww)	antaa	[anta:]
glimlachen (ww)	hymyillä	[hymyjllæ]
goed raden (ww)	arvata	[arʋata]
grappen maken (ww)	vitsailla	[ʋitsajlla]
graven (ww)	kaivaa	[kajʋa:]
hebben (ww)	omistaa	[omista:]
helpen (ww)	auttaa	[autta:]
herhalen (opnieuw zeggen)	toistaa	[tojsta:]
honger hebben (ww)	minulla on nälkä	[minulla on nælkæ]
hopen (ww)	toivoa	[tojʋoa]
horen (waarnemen met het oor)	kuulla	[ku:lla]
huilen (wenen)	itkeä	[itkeæ]
huren (huis, kamer)	vuokrata	[ʋuokrata]

informeren (informatie geven)	tiedottaa	[tiedotta:]
instemmen (akkoord gaan)	suostua	[suostua]
jagen (ww)	metsästää	[metsæstæ:]
kennen (kennis hebben van iemand)	tuntea	[tuntea]
kiezen (ww)	valita	[ʋalita]
klagen (ww)	valittaa	[ʋalitta:]
kosten (ww)	maksaa	[maksa:]
kunnen (ww)	voida	[ʋojda]
lachen (ww)	nauraa	[naura:]
laten vallen (ww)	pudottaa	[pudotta:]
lezen (ww)	lukea	[lukea]
liefhebben (ww)	rakastaa	[rakasta:]
lunchen (ww)	syödä lounasta	[syødæ lounasta]
nemen (ww)	ottaa	[otta:]
nodig zijn (ww)	tarvita	[tarʋita]

12. De belangrijkste werkwoorden. Deel 3

onderschatten (ww)	aliarvioida	[aliarʋiojda]
ondertekenen (ww)	allekirjoittaa	[allekirjoitta:]
ontbijten (ww)	syödä aamiaista	[syødæ a:miajsta]
openen (ww)	avata	[aʋata]
ophouden (ww)	lakata	[lakata]
opmerken (zien)	huomata	[huomata]
opscheppen (ww)	kerskua	[kerskua]
opschrijven (ww)	kirjoittaa muistiin	[kirjoitta: mujsti:n]
plannen (ww)	suunnitella	[su:nnitella]
prefereren (verkiezen)	pitää enemmän	[pitæ: enemmæn]
proberen (trachten)	koettaa	[koetta:]
redden (ww)	pelastaa	[pelasta:]
rekenen op ...	luottaa	[luotta:]
rennen (ww)	juosta	[juosta]
reserveren (een hotelkamer ~)	varata	[ʋarata]
roepen (om hulp)	kutsua	[kutsua]
schieten (ww)	ampua	[ampua]
schreeuwen (ww)	huutaa	[hu:ta:]
schrijven (ww)	kirjoittaa	[kirjoitta:]
souperen (ww)	illastaa	[illasta:]
spelen (kinderen)	leikkiä	[lejkkiæ]
spreken (ww)	keskustella	[keskustella]
stelen (ww)	varastaa	[ʋarasta:]
stoppen (pauzeren)	pysähtyä	[pysæhtyæ]
studeren (Nederlands ~)	oppia	[oppia]
sturen (zenden)	lähettää	[læhettæ:]
tellen (optellen)	laskea	[laskea]
toebehoren aan ...	kuulua	[ku:lua]

toestaan (ww)	antaa lupa	[anta: lupa]
tonen (ww)	näyttää	[næyttæ:]
twijfelen (onzeker zijn)	epäillä	[epæjllæ]
uitgaan (ww)	mennä, tulla ulos	[mennæ], [tulla ulos]
uitnodigen (ww)	kutsua	[kutsua]
uitspreken (ww)	lausua	[lausua]
uitvaren tegen (ww)	haukkua	[haukkua]

13. De belangrijkste werkwoorden. Deel 4

vallen (ww)	kaatua	[ka:tua]
vangen (ww)	ottaa kiinni	[otta: ki:nni]
veranderen (anders maken)	muuttaa	[mu:tta:]
verbaasd zijn (ww)	ihmetellä	[ihmetellæ]
verbergen (ww)	piilotella	[pi:lotella]
verdedigen (je land ~)	puolustaa	[puolusta:]
verenigen (ww)	yhdistää	[yhdistæ:]
vergelijken (ww)	verrata	[verrata]
vergeten (ww)	unohtaa	[unohta:]
vergeven (ww)	antaa anteeksi	[anta: ante:ksi]
verklaren (uitleggen)	selittää	[selittæ:]
verkopen (per stuk ~)	myydä	[my:dæ]
vermelden (praten over)	mainita	[majnita]
versieren (decoreren)	koristaa	[korista:]
vertalen (ww)	kääntää	[kæ:ntæ:]
vertrouwen (ww)	luottaa	[luotta:]
vervolgen (ww)	jatkaa	[jatka:]
verwarren (met elkaar ~)	sekoittaa	[sekojtta:]
verzoeken (ww)	pyytää	[py:tæ:]
verzuimen (school, enz.)	olla poissa	[olla pojssa]
vinden (ww)	löytää	[løytæ:]
vliegen (ww)	lentää	[lentæ:]
volgen (ww)	seurata	[seurata]
voorstellen (ww)	ehdottaa	[ehdotta:]
voorzien (verwachten)	odottaa	[odotta:]
vragen (ww)	kysyä	[kysyæ]
waarnemen (ww)	tarkkailla	[tarkkajlla]
waarschuwen (ww)	varoittaa	[varojtta:]
wachten (ww)	odottaa	[odotta:]
weerspreken (ww)	vastustaa	[vastusta:]
weigeren (ww)	kieltäytyä	[kæltæytyæ]
werken (ww)	työskennellä	[tyøskennellæ]
weten (ww)	tietää	[tietæ:]
willen (verlangen)	haluta	[haluta]
zeggen (ww)	sanoa	[sanoa]
zich haasten (ww)	pitää kiirettä	[pitæ: ki:rettæ]
zich interesseren voor ...	kiinnostua	[ki:nnostua]

zich vergissen (ww)	erehtyä	[erehtyæ]
zich verontschuldigen	pyytää anteeksi	[py:tæ: ɑnte:ksi]
zien (ww)	nähdä	[næhdæ]
zijn (ww)	olla	[olla]
zoeken (ww)	etsiä	[etsiæ]
zwemmen (ww)	uida	[ujdɑ]
zwijgen (ww)	olla vaiti	[olla ʋɑjti]

14. Kleuren

kleur (de)	väri	[ʋæri]
tint (de)	sävy, värisävy	[sæʋy], [ʋæri·sæʋy]
kleurnuance (de)	värisävy	[ʋæri·sæʋy]
regenboog (de)	sateenkaari	[sɑte:n·kɑ:ri]
wit (bn)	valkoinen	[ʋɑlkojnen]
zwart (bn)	musta	[mustɑ]
grijs (bn)	harmaa	[hɑrmɑ:]
groen (bn)	vihreä	[ʋihreæ]
geel (bn)	keltainen	[keltɑjnen]
rood (bn)	punainen	[punɑjnen]
blauw (bn)	sininen	[sininen]
lichtblauw (bn)	vaaleansininen	[ʋɑ:leɑn·sininen]
roze (bn)	vaaleanpunainen	[ʋɑ:leɑn·punɑjnen]
oranje (bn)	oranssi	[orɑnssi]
violet (bn)	violetti	[ʋioletti]
bruin (bn)	ruskea	[ruskeɑ]
goud (bn)	kultainen	[kultɑjnen]
zilverkleurig (bn)	hopeinen	[hopejnen]
beige (bn)	beige	[bejge]
roomkleurig (bn)	kermanvärinen	[kermɑn·ʋærinen]
turkoois (bn)	turkoosi	[turko:si]
kersrood (bn)	kirsikanpunainen	[kirsikɑn·punɑjnen]
lila (bn)	sinipunainen	[sini·punɑjnen]
karmijnrood (bn)	karmiininpunainen	[kɑrmi:nen·punɑjnen]
licht (bn)	vaalea	[ʋɑ:leɑ]
donker (bn)	tumma	[tummɑ]
fel (bn)	kirkas	[kirkɑs]
kleur-, kleurig (bn)	väri-	[ʋæri]
kleuren- (abn)	väri-	[ʋæri]
zwart-wit (bn)	mustavalkoinen	[mustɑ·ʋɑlkojnen]
eenkleurig (bn)	yksivärinen	[yksi·ʋærinen]
veelkleurig (bn)	erivärinen	[eriʋærinen]

15. Vragen

Wie?	Kuka?	[kuka]
Wat?	Mikä?	[mikæ]
Waar?	Missä?	[missæ]
Waarheen?	Mihin?	[mihin]
Waarvandaan?	Mistä?	[mistæ]
Wanneer?	Milloin?	[millojn]
Waarom?	Mitä varten?	[mitæ varten]
Waarom?	Miksi?	[miksi]
Waarvoor dan ook?	Minkä vuoksi?	[miŋkæ vuoksi]
Hoe?	Miten?	[miten]
Wat voor ...?	Millainen?	[millajnen]
Welk?	Mikä?	[mikæ]
Aan wie?	Kenelle?	[kenelle]
Over wie?	Kenestä?	[kenestæ]
Waarover?	Mistä?	[mistæ]
Met wie?	Kenen kanssa?	[kenen kanssa]
Hoeveel? (telb.)	Kuinka monta?	[kuiŋka monta]
Van wie? (mann.)	Kenen?	[kenen]

16. Voorzetsels

met (bijv. ~ beleg)	kanssa	[kanssa]
zonder (~ accent)	ilman	[ilman]
naar (in de richting van)	... ssa, ... ssä	[ssa], [ssæ]
over (praten ~)	... sta, ... stä	[sta], [stæ]
voor (in tijd)	ennen	[ennen]
voor (aan de voorkant)	edessä	[edessæ]
onder (lager dan)	alla	[alla]
boven (hoger dan)	yllä	[yllæ]
op (bovenop)	päällä	[pæ:llæ]
van (uit, afkomstig van)	... sta, ... stä	[sta], [stæ]
van (gemaakt van)	... sta, ... stä	[sta], [stæ]
over (bijv. ~ een uur)	päästä	[pæ:stæ]
over (over de bovenkant)	yli	[yli]

17. Functiewoorden. Bijwoorden. Deel 1

Waar?	Missä?	[missæ]
hier (bw)	täällä	[tæ:llæ]
daar (bw)	siellä	[siellæ]
ergens (bw)	jossain	[jossajn]
nergens (bw)	ei missään	[ej missæ:n]
bij ... (in de buurt)	luona	[luona]

bij het raam	ikkunan vieressä	[ikkunɑn ʋæressæ]
Waarheen?	Mihin?	[mihin]
hierheen (bw)	tänne	[tænne]
daarheen (bw)	tuonne	[tuonne]
hiervandaan (bw)	täältä	[tæːltæ]
daarvandaan (bw)	sieltä	[sieltæ]
dichtbij (bw)	lähellä	[læɦellæ]
ver (bw)	kaukana	[kɑukɑnɑ]
in de buurt (van …)	luona	[luonɑ]
dichtbij (bw)	vieressä	[ʋieressæ]
niet ver (bw)	lähelle	[læɦelle]
linker (bn)	vasen	[ʋɑsen]
links (bw)	vasemmalla	[ʋɑsemmɑllɑ]
linksaf, naar links (bw)	vasemmalle	[ʋɑsemmɑlle]
rechter (bn)	oikea	[ojkeɑ]
rechts (bw)	oikealla	[ojkeɑllɑ]
rechtsaf, naar rechts (bw)	oikealle	[ojkeɑlle]
vooraan (bw)	edessä	[edessæ]
voorste (bn)	etumainen	[etumɑjnen]
vooruit (bw)	eteenpäin	[eteːnpæjn]
achter (bw)	takana	[tɑkɑnɑ]
van achteren (bw)	takaa	[tɑkɑː]
achteruit (naar achteren)	takaisin	[tɑkɑjsin]
midden (het)	keskikohta	[keski·kohtɑ]
in het midden (bw)	keskellä	[keskellæ]
opzij (bw)	sivulta	[siʋultɑ]
overal (bw)	kaikkialla	[kɑjkkiɑllɑ]
omheen (bw)	ympärillä	[ympærillæ]
binnenuit (bw)	sisäpuolelta	[sisæ·puoleltɑ]
naar ergens (bw)	jonnekin	[jonnekin]
rechtdoor (bw)	suoraan	[suorɑːn]
terug (bijv. ~ komen)	takaisin	[tɑkɑjsin]
ergens vandaan (bw)	jostakin	[jostɑkin]
ergens vandaan (en dit geld moet ~ komen)	jostakin	[jostɑkin]
ten eerste (bw)	ensiksi	[ensiksi]
ten tweede (bw)	toiseksi	[tojseksi]
ten derde (bw)	kolmanneksi	[kolmɑnneksi]
plotseling (bw)	äkkiä	[ækkiæ]
in het begin (bw)	alussa	[ɑlussɑ]
voor de eerste keer (bw)	ensi kerran	[ensi kerrɑn]
lang voor … (bw)	kauan ennen kuin	[kɑuɑn ennen kuin]
opnieuw (bw)	uudestaan	[uːdestɑːn]
voor eeuwig (bw)	pysyvästi	[pysyʋæsti]

nooit (bw)	ei koskaan	[ej koska:n]
weer (bw)	taas	[ta:s]
nu (bw)	nyt	[nyt]
vaak (bw)	usein	[usejn]
toen (bw)	silloin	[sillojn]
urgent (bw)	kiireellisesti	[ki:re:llisesti]
meestal (bw)	tavallisesti	[tavallisesti]

trouwens, ... (tussen haakjes)	muuten	[mu:ten]
mogelijk (bw)	ehkä	[ehkæ]
waarschijnlijk (bw)	todennäköisesti	[toden·nækøjsesti]
misschien (bw)	ehkä	[ehkæ]
trouwens (bw)	sitä paitsi, ...	[sitæ pajtsi]
daarom ...	siksi	[siksi]
in weerwil van ...	huolimatta	[huolimatta]
dankzij ...	avulla	[avulla]

wat (vn)	mikä	[mikæ]
dat (vw)	että	[ettæ]
iets (vn)	jokin	[jokin]
iets	jotakin	[jotakin]
niets (vn)	ei mitään	[ej mitæ:n]

wie (~ is daar?)	kuka	[kuka]
iemand (een onbekende)	joku	[joku]
iemand (een bepaald persoon)	joku	[joku]

niemand (vn)	ei kukaan	[ej kuka:n]
nergens (bw)	ei mihinkään	[ej miɦiŋkæ:n]
niemands (bn)	ei kenenkään	[ej kenenkæ:n]
iemands (bn)	jonkun	[joŋkun]

zo (Ik ben ~ blij)	niin	[ni:n]
ook (evenals)	myös	[myøs]
alsook (eveneens)	myös	[myøs]

18. Functiewoorden. Bijwoorden. Deel 2

Waarom?	Miksi?	[miksi]
om een bepaalde reden	jostain syystä	[jostajn sy:stæ]
omdat ...	koska	[koska]
voor een bepaald doel	jonkin vuoksi	[joŋkin vuoksi]

en (vw)	ja	[ja]
of (vw)	tai	[taj]
maar (vw)	mutta	[mutta]
voor (vz)	varten	[varten]

te (~ veel mensen)	liian	[li:an]
alleen (bw)	vain	[vajn]
precies (bw)	tarkasti	[tarkasti]
ongeveer (~ 10 kg)	noin	[nojn]

omstreeks (bw)	likimäärin	[likimæ:rin]
bij benadering (bn)	likimääräinen	[likimæ:ræjnen]
bijna (bw)	melkein	[melkejn]
rest (de)	loput	[loput]
elk (bn)	joka	[joka]
om het even welk	jokainen	[jokajnen]
veel (grote hoeveelheid)	paljon	[paljon]
veel mensen	monet	[monet]
iedereen (alle personen)	kaikki	[kajkki]
in ruil voor ...	sen vastineeksi	[sen ʋastine:ksi]
in ruil (bw)	sijaan	[sija:n]
met de hand (bw)	käsin	[kæsin]
onwaarschijnlijk (bw)	tuskin	[tuskin]
waarschijnlijk (bw)	varmaan	[ʋarma:n]
met opzet (bw)	tahallaan	[taɦalla:n]
toevallig (bw)	sattumalta	[sattumalta]
zeer (bw)	erittäin	[erittæjn]
bijvoorbeeld (bw)	esimerkiksi	[esimerkiksi]
tussen (~ twee steden)	välillä	[ʋælillæ]
tussen (te midden van)	keskuudessa	[kesku:dessa]
zoveel (bw)	niin monta, niin paljon	[ni:n monta], [ni:n paljon]
vooral (bw)	erikoisesti	[erikojsesti]

Basisbegrippen Deel 2

19. Dagen van de week

maandag (de)	maanantai	[ma:nantaj]
dinsdag (de)	tiistai	[ti:staj]
woensdag (de)	keskiviikko	[keskiʋi:kko]
donderdag (de)	torstai	[torstaj]
vrijdag (de)	perjantai	[perjantaj]
zaterdag (de)	lauantai	[lauantaj]
zondag (de)	sunnuntai	[sunnuntaj]
vandaag (bw)	tänään	[tænæ:n]
morgen (bw)	huomenna	[huomenna]
overmorgen (bw)	ylihuomenna	[yliɦuomenna]
gisteren (bw)	eilen	[ejlen]
eergisteren (bw)	toissa päivänä	[tojssa pæjʋænæ]
dag (de)	päivä	[pæjʋæ]
werkdag (de)	työpäivä	[tyø·pæjʋæ]
feestdag (de)	juhlapäivä	[juhla·pæjʋæ]
verlofdag (de)	vapaapäivä	[ʋapa:pæjʋæ]
weekend (het)	viikonloppu	[ʋi:kon·loppu]
de hele dag (bw)	koko päivän	[koko pæjʋæn]
de volgende dag (bw)	ensi päivänä	[ensi pæjʋænæ]
twee dagen geleden	kaksi päivää sitten	[kaksi pæjʋæ: sitten]
aan de vooravond (bw)	aattona	[a:ttona]
dag-, dagelijks (bn)	päivittäinen	[pæjʋittæjnen]
elke dag (bw)	joka päivä	[joka pæjʋæ]
week (de)	viikko	[ʋi:kko]
vorige week (bw)	viime viikolla	[ʋi:me ʋi:kolla]
volgende week (bw)	ensi viikolla	[ensi ʋi:kolla]
wekelijks (bn)	viikoittainen	[ʋi:kojttajnen]
elke week (bw)	joka viikko	[joka ʋi:kko]
twee keer per week	kaksi kertaa viikossa	[kaksi kerta: ʋi:kossa]
elke dinsdag	joka tiistai	[joka ti:staj]

20. Uren. Dag en nacht

morgen (de)	aamu	[a:mu]
's morgens (bw)	aamulla	[a:mulla]
middag (de)	puolipäivä	[puoli·pæjʋæ]
's middags (bw)	iltapäivällä	[ilta·pæjʋællæ]
avond (de)	ilta	[ilta]
's avonds (bw)	illalla	[illalla]

nacht (de)	yö	[yø]
's nachts (bw)	yöllä	[yøllæ]
middernacht (de)	puoliyö	[puoli·yø]

seconde (de)	sekunti	[sekunti]
minuut (de)	minuutti	[minu:tti]
uur (het)	tunti	[tunti]
halfuur (het)	puoli tuntia	[puoli tuntia]
kwartier (het)	vartti	[ʋartti]
vijftien minuten	viisitoista minuuttia	[ʋi:si·tojsta minu:ttia]
etmaal (het)	vuorokausi	[ʋuoro·kausi]

zonsopgang (de)	auringonnousu	[auriŋon·nousu]
dageraad (de)	sarastus	[sarastus]
vroege morgen (de)	varhainen aamu	[ʋarhajnen a:mu]
zonsondergang (de)	auringonlasku	[auriŋon·lasku]

's morgens vroeg (bw)	aamulla aikaisin	[a:mulla ajkajsin]
vanmorgen (bw)	tänä aamuna	[tænæ a:muna]
morgenochtend (bw)	ensi aamuna	[ensi a:muna]

vanmiddag (bw)	tänä päivänä	[tænæ pæjʋænæ]
's middags (bw)	iltapäivällä	[ilta·pæjʋællæ]
morgenmiddag (bw)	huomisiltapäivällä	[huomis·ilta·pæjʋællæ]

| vanavond (bw) | tänä iltana | [tænæ iltana] |
| morgenavond (bw) | ensi iltana | [ensi iltana] |

klokslag drie uur	tasan kolmelta	[tasan kolmelta]
ongeveer vier uur	noin neljältä	[nojn neljæltæ]
tegen twaalf uur	kahdentoista mennessä	[kahdentojsta menessæ]

over twintig minuten	kahdenkymmenen minuutin kuluttua	[kahdeŋkymmenen minu:tin kuluttua]
over een uur	tunnin kuluttua	[tunnin kuluttua]
op tijd (bw)	ajoissa	[ajoissa]

kwart voor ...	varttia vaille	[ʋarttia ʋajlle]
binnen een uur	tunnin kuluessa	[tunnin kuluessa]
elk kwartier	viidentoista minuutin välein	[ʋi:den·tojsta minu:tin ʋælejn]
de klok rond	ympäri vuorokauden	[ympæri ʋuoro kauden]

21. Maanden. Seizoenen

januari (de)	tammikuu	[tammiku:]
februari (de)	helmikuu	[helmiku:]
maart (de)	maaliskuu	[ma:lisku:]
april (de)	huhtikuu	[huhtiku:]
mei (de)	toukokuu	[toukoku:]
juni (de)	kesäkuu	[kesæku:]

| juli (de) | heinäkuu | [hejnæku:] |
| augustus (de) | elokuu | [eloku:] |

september (de)	syyskuu	[syːskuː]
oktober (de)	lokakuu	[lokakuː]
november (de)	marraskuu	[marraskuː]
december (de)	joulukuu	[jouluku:]
lente (de)	kevät	[keʋæt]
in de lente (bw)	keväällä	[keʋæːllæ]
lente- (abn)	keväinen	[keʋæjnen]
zomer (de)	kesä	[kesæ]
in de zomer (bw)	kesällä	[kesællæ]
zomer-, zomers (bn)	kesäinen	[kesæjnen]
herfst (de)	syksy	[syksy]
in de herfst (bw)	syksyllä	[syksyllæ]
herfst- (abn)	syksyinen	[syksyjnen]
winter (de)	talvi	[talʋi]
in de winter (bw)	talvella	[talʋella]
winter- (abn)	talvinen	[talʋinen]
maand (de)	kuukausi	[kuːkausi]
deze maand (bw)	tässä kuussa	[tæssæ kuːssa]
volgende maand (bw)	ensi kuussa	[ensi kuːssa]
vorige maand (bw)	viime kuussa	[ʋiːme kuːssa]
een maand geleden (bw)	kuukausi sitten	[kuːkausi sitten]
over een maand (bw)	kuukauden kuluttua	[kuːkauden kuluttua]
over twee maanden (bw)	kahden kuukauden kuluttua	[kahden kuːkauden kuluttua]
de hele maand (bw)	koko kuukauden	[koko kuːkauden]
een volle maand (bw)	koko kuukauden	[koko kuːkauden]
maand-, maandelijks (bn)	kuukautinen	[kuːkautinen]
maandelijks (bw)	kuukausittain	[kuːkausittajn]
elke maand (bw)	joka kuukausi	[joka kuːkausi]
twee keer per maand	kaksi kertaa kuukaudessa	[kaksi kertaː kuːkaudessa]
jaar (het)	vuosi	[ʋuosi]
dit jaar (bw)	tänä vuonna	[tænæ ʋuonna]
volgend jaar (bw)	ensi vuonna	[ensi ʋuonna]
vorig jaar (bw)	viime vuonna	[ʋiːme ʋuonna]
een jaar geleden (bw)	vuosi sitten	[ʋuosi sitten]
over een jaar	vuoden kuluttua	[ʋuoden kuluttua]
over twee jaar	kahden vuoden kuluttua	[kahden ʋuoden kuluttua]
het hele jaar	koko vuoden	[koko ʋuoden]
een vol jaar	koko vuoden	[koko ʋuoden]
elk jaar	joka vuosi	[joka ʋuosi]
jaar-, jaarlijks (bn)	vuosittainen	[ʋuosittajnen]
jaarlijks (bw)	vuosittain	[ʋuosittajn]
4 keer per jaar	neljä kertaa vuodessa	[neljæ kertaː ʋuodessa]
datum (de)	päivämäärä	[pæjʋæ·mæːræ]
datum (de)	päivämäärä	[pæjʋæ·mæːræ]

kalender (de)	kalenteri	[kalenteri]
een half jaar	puoli vuotta	[puoli ʋuotta]
zes maanden	vuosipuolisko	[ʋuosi·puolisko]
seizoen (bijv. lente, zomer)	vuodenaika	[ʋuoden·ajka]
eeuw (de)	vuosisata	[ʋuosi·sata]

22. Meeteenheden

gewicht (het)	paino	[pajno]
lengte (de)	pituus	[pitu:s]
breedte (de)	leveys	[leʋeys]
hoogte (de)	korkeus	[korkeus]
diepte (de)	syvyys	[syʋy:s]
volume (het)	tilavuus	[tilaʋu:s]
oppervlakte (de)	pinta-ala	[pinta·ala]

gram (het)	gramma	[gramma]
milligram (het)	milligramma	[milligramma]
kilogram (het)	kilo	[kilo]
ton (duizend kilo)	tonni	[tonni]
pond (het)	pauna, naula	[pauna], [naula]
ons (het)	unssi	[unssi]

meter (de)	metri	[metri]
millimeter (de)	millimetri	[millimetri]
centimeter (de)	senttimetri	[senttimetri]
kilometer (de)	kilometri	[kilometri]
mijl (de)	peninkulma	[penin·kulma]

duim (de)	tuuma	[tu:ma]
voet (de)	jalka	[jalka]
yard (de)	jaardi	[ja:rdi]

vierkante meter (de)	neliömetri	[neliø·metri]
hectare (de)	hehtaari	[hehta:ri]

liter (de)	litra	[litra]
graad (de)	aste	[aste]
volt (de)	voltti	[ʋoltti]
ampère (de)	ampeeri	[ampe:ri]
paardenkracht (de)	hevosvoima	[heʋos·ʋojma]

hoeveelheid (de)	määrä	[mæ:ræ]
een beetje ...	vähän	[ʋæɦæn]
helft (de)	puoli	[puoli]
dozijn (het)	tusina	[tusina]
stuk (het)	kappale	[kappale]

afmeting (de)	koko	[koko]
schaal (bijv. ~ van 1 op 50)	mittakaava	[mitta·ka:ʋa]

minimaal (bn)	minimaalinen	[minima:linen]
minste (bn)	pienin	[pienin]
medium (bn)	keskikokoinen	[keskikokojnen]

maximaal (bn)	**maksimaalinen**	[mɑksimɑːlinen]
grootste (bn)	**suurin**	[suːrin]

23. Containers

glazen pot (de)	**lasitölkki**	[lɑsi·tølkki]
blik (conserven~)	**purkki**	[purkki]
emmer (de)	**sanko**	[sɑŋko]
ton (bijv. regenton)	**tynnyri**	[tynnyri]

ronde waterbak (de)	**pesuvati**	[pesu·ʋɑti]
tank (bijv. watertank-70-ltr)	**säiliö**	[sæjliø]
heupfles (de)	**kenttäpullo**	[kenttæ·pullo]
jerrycan (de)	**jerrykannu**	[jerry·kɑnnu]
tank (bijv. ketelwagen)	**säiliö**	[sæjliø]

beker (de)	**muki**	[muki]
kopje (het)	**kuppi**	[kuppi]
schoteltje (het)	**teevati**	[teːʋɑti]
glas (het)	**juomalasi**	[juomɑ·lɑsi]
wijnglas (het)	**viinilasi**	[ʋiːni·lɑsi]
pan (de)	**kasari, kattila**	[kɑsɑri], [kɑttilɑ]

fles (de)	**pullo**	[pullo]
flessenhals (de)	**pullonkaula**	[pulloŋ·kɑulɑ]

karaf (de)	**karahvi**	[kɑrɑhʋi]
kruik (de)	**kannu**	[kɑnnu]
vat (het)	**astia**	[ɑstiɑ]
pot (de)	**ruukku**	[ruːkku]
vaas (de)	**vaasi, maljakko**	[ʋɑːsi], [mɑljɑkko]

flacon (de)	**pullo**	[pullo]
flesje (het)	**pieni pullo**	[pjeni pullo]
tube (bijv. ~ tandpasta)	**tuubi**	[tuːbi]

zak (bijv. ~ aardappelen)	**säkki**	[sækki]
tasje (het)	**säkki, pussi**	[sækki], [pussi]
pakje (~ sigaretten, enz.)	**aski**	[ɑski]

doos (de)	**laatikko**	[lɑːtikko]
kist (de)	**laatikko**	[lɑːtikko]
mand (de)	**kori**	[kori]

MENS

Mens. Het lichaam

24. Hoofd

hoofd (het)	pää	[pæ:]
gezicht (het)	kasvot	[kasuot]
neus (de)	nenä	[nenæ]
mond (de)	suu	[su:]
oog (het)	silmä	[silmæ]
ogen (mv.)	silmät	[silmæt]
pupil (de)	silmäterä	[silmæ·teræ]
wenkbrauw (de)	kulmakarva	[kulma·karua]
wimper (de)	ripsi	[ripsi]
ooglid (het)	silmäluomi	[silmæ·luomi]
tong (de)	kieli	[kieli]
tand (de)	hammas	[hammas]
lippen (mv.)	huulet	[hu:let]
jukbeenderen (mv.)	poskipäät	[poski·pæ:t]
tandvlees (het)	ien	[ien]
gehemelte (het)	kitalaki	[kitalaki]
neusgaten (mv.)	sieraimet	[sierajmet]
kin (de)	leuka	[leuka]
kaak (de)	leukaluu	[leuka·lu:]
wang (de)	poski	[poski]
voorhoofd (het)	otsa	[otsa]
slaap (de)	ohimo	[ohimo]
oor (het)	korva	[korua]
achterhoofd (het)	niska	[niska]
hals (de)	kaula	[kaula]
keel (de)	kurkku	[kurkku]
haren (mv.)	hiukset	[hiukset]
kapsel (het)	kampaus	[kampaus]
haarsnit (de)	kampaus	[kampaus]
pruik (de)	tekotukka	[teko·tukka]
snor (de)	viikset	[ui:kset]
baard (de)	parta	[parta]
dragen (een baard, enz.)	pitää	[pitæ:]
vlecht (de)	letti	[letti]
bakkebaarden (mv.)	poskiparta	[poski·parta]
ros (roodachtig, rossig)	punatukkainen	[puna·tukkajnen]
grijs (~ haar)	harmaa	[harma:]

| kaal (bn) | kalju | [kalju] |
| kale plek (de) | kaljuus | [kalju:s] |

| paardenstaart (de) | poninhäntä | [ponin·hæntæ] |
| pony (de) | otsatukka | [otsa·tukka] |

25. Menselijk lichaam

| hand (de) | käsi | [kæsi] |
| arm (de) | käsivarsi | [kæsi·ʋarssi] |

vinger (de)	sormi	[sormi]
teen (de)	varvas	[ʋarʋas]
duim (de)	peukalo	[peukalo]
pink (de)	pikkusormi	[pikku·sormi]
nagel (de)	kynsi	[kynsi]

vuist (de)	nyrkki	[nyrkki]
handpalm (de)	kämmen	[kæmmen]
pols (de)	ranne	[ranne]
voorarm (de)	kyynärvarsi	[ky:nær·ʋarsi]
elleboog (de)	kyynärpää	[ky:nær·pæ:]
schouder (de)	hartia	[hartia]

been (rechter ~)	jalka	[jalka]
voet (de)	jalkaterä	[jalka·teræ]
knie (de)	polvi	[polʋi]
kuit (de)	pohje	[pohje]
heup (de)	reisi	[rejsi]
hiel (de)	kantapää	[kantapæ:]

lichaam (het)	vartalo	[ʋartalo]
buik (de)	maha	[mɑɦa]
borst (de)	rinta	[rinta]
borst (de)	rinnat	[rinnat]
zijde (de)	kylki	[kylki]
rug (de)	selkä	[selkæ]
lage rug (de)	ristiselkä	[risti·selkæ]
taille (de)	vyötärö	[ʋyøtærø]

navel (de)	napa	[napa]
billen (mv.)	pakarat	[pakarat]
achterwerk (het)	takapuoli	[taka·puoli]

huidvlek (de)	luomi	[luomi]
moedervlek (de)	syntymämerkki	[syntymæ·merkki]
tatoeage (de)	tatuointi	[tatuojnti]
litteken (het)	arpi	[arpi]

Kleding en accessoires

26. Bovenkleding. Jassen

kleren (mv.)	vaatteet	[ʋɑ:tte:t]
bovenkleding (de)	päällysvaatteet	[pæ:llys·ʋɑ:tte:t]
winterkleding (de)	talvivaatteet	[talʋi·ʋɑ:tte:t]
jas (de)	takki	[takki]
bontjas (de)	turkki	[turkki]
bontjasje (het)	puoliturkki	[puoli·turkki]
donzen jas (de)	untuvatakki	[untuʋa·takki]
jasje (bijv. een leren ~)	takki	[takki]
regenjas (de)	sadetakki	[sade·takki]
waterdicht (bn)	vedenpitävä	[ʋeden·pitæʋæ]

27. Heren & dames kleding

overhemd (het)	paita	[pajta]
broek (de)	housut	[housut]
jeans (de)	farkut	[farkut]
colbert (de)	pikkutakki	[pikku·takki]
kostuum (het)	puku	[puku]
jurk (de)	leninki	[leninki]
rok (de)	hame	[hame]
blouse (de)	pusero	[pusero]
wollen vest (de)	villapusero	[ʋilla·pusero]
blazer (kort jasje)	jakku	[jakku]
T-shirt (het)	T-paita	[te·pajta]
shorts (mv.)	shortsit, sortsit	[sortsit]
trainingspak (het)	urheilupuku	[urhejlu·puku]
badjas (de)	kylpytakki	[kylpy·takki]
pyjama (de)	pyjama	[pyjama]
sweater (de)	villapaita	[ʋilla·pajta]
pullover (de)	neulepusero	[neule·pusero]
gilet (het)	liivi	[li:ʋi]
rokkostuum (het)	frakki	[frakki]
smoking (de)	smokki	[smokki]
uniform (het)	univormu	[uniʋormu]
werkkleding (de)	työvaatteet	[tyø·ʋɑ:tte:t]
overall (de)	haalari	[hɑ:lari]
doktersjas (de)	lääkärintakki	[læ:kærin·takki]

28. Kleding. Ondergoed

ondergoed (het)	alusvaatteet	[alus·ʋaːtteːt]
herenslip (de)	bokserit	[bokserit]
slipjes (mv.)	pikkuhousut	[pikku·housut]
onderhemd (het)	aluspaita	[alus·pajta]
sokken (mv.)	sukat	[sukat]
nachthemd (het)	yöpuku	[yøpuku]
beha (de)	rintaliivit	[rinta·liːʋit]
kniekousen (mv.)	polvisukat	[polʋi·sukat]
panty (de)	sukkahousut	[sukka·housut]
nylonkousen (mv.)	sukat	[sukat]
badpak (het)	uimapuku	[ujma·puku]

29. Hoofddeksels

hoed (de)	hattu	[hattu]
deukhoed (de)	fedora-hattu	[fedora·hattu]
honkbalpet (de)	lippalakki	[lippa·lakki]
kleppet (de)	lakki	[lakki]
baret (de)	baskeri	[baskeri]
kap (de)	huppu	[huppu]
panamahoed (de)	panamahattu	[panama·hattu]
gebreide muts (de)	pipo	[pipo]
hoofddoek (de)	huivi	[huiʋi]
dameshoed (de)	naisten hattu	[najsten hattu]
veiligheidshelm (de)	suojakypärä	[suoja·kypæræ]
veldmuts (de)	suikka	[suikka]
helm, valhelm (de)	kypärä	[kypæræ]
bolhoed (de)	knalli	[knalli]
hoge hoed (de)	silinterihattu	[silinteri·hattu]

30. Schoeisel

schoeisel (het)	jalkineet	[jalkineːt]
schoenen (mv.)	varsikengät	[ʋarsikeŋæt]
vrouwenschoenen (mv.)	naisten kengät	[najsten keŋæt]
laarzen (mv.)	saappaat	[saːppaːt]
pantoffels (mv.)	tossut	[tossut]
sportschoenen (mv.)	lenkkitossut	[leŋkki·tossut]
sneakers (mv.)	lenkkarit	[leŋkkarit]
sandalen (mv.)	sandaalit	[sandaːlit]
schoenlapper (de)	suutari	[suːtari]
hiel (de)	korko	[korko]

paar (een ~ schoenen)	pari	[pari]
veter (de)	nauha	[nauha]
rijgen (schoenen ~)	sitoa kengännauhat	[sitoa keŋænnauhat]
schoenlepel (de)	kenkälusikka	[keŋkæ·lusikka]
schoensmeer (de/het)	kenkävoide	[keŋkæ·ʋojde]

31. Persoonlijke accessoires

handschoenen (mv.)	käsineet	[kæsine:t]
wanten (mv.)	lapaset	[lapaset]
sjaal (fleece ~)	kaulaliina	[kaula·li:na]

bril (de)	silmälasit	[silmæ·lasit]
brilmontuur (het)	kehys	[kehys]
paraplu (de)	sateenvarjo	[sate:n·ʋarjo]
wandelstok (de)	kävelykeppi	[kæʋely·keppi]
haarborstel (de)	hiusharja	[hius·harja]
waaier (de)	viuhka	[ʋiuhka]

das (de)	solmio	[solmio]
strikje (het)	rusetti	[rusetti]
bretels (mv.)	henkselit	[heŋkselit]
zakdoek (de)	nenäliina	[nenæ·li:na]

kam (de)	kampa	[kampa]
haarspeldje (het)	hiussolki	[hius·solki]
schuifspeldje (het)	hiusneula	[hius·neula]
gesp (de)	solki	[solki]

broekriem (de)	vyö	[ʋyø]
draagriem (de)	hihna	[hihna]

handtas (de)	laukku	[laukku]
damestas (de)	käsilaukku	[kæsi·laukku]
rugzak (de)	reppu	[reppu]

32. Kleding. Diversen

mode (de)	muoti	[muoti]
de mode (bn)	muodikas	[muodikas]
kledingstilist (de)	mallisuunnittelija	[malli·su:nnittelija]

kraag (de)	kaulus	[kaulus]
zak (de)	tasku	[tasku]
zak- (abn)	tasku-	[tasku]
mouw (de)	hiha	[hiha]
lusje (het)	raksi	[raksi]
gulp (de)	halkio	[halkio]

rits (de)	vetoketju	[ʋeto·ketju]
sluiting (de)	kiinnitin	[ki:nnitin]
knoop (de)	nappi	[nappi]

knoopsgat (het)	napinläpi	[napin·læpi]
losraken (bijv. knopen)	irrota	[irrota]
naaien (kleren, enz.)	ommella	[ommella]
borduren (ww)	kirjoa	[kirjoa]
borduursel (het)	kirjonta	[kirjonta]
naald (de)	neula	[neula]
draad (de)	lanka	[laŋka]
naad (de)	sauma	[sauma]
vies worden (ww)	tahraantua	[tahra:ntua]
vlek (de)	tahra	[tahra]
gekreukt raken (ov. kleren)	rypistyä	[rypistyæ]
scheuren (ov.ww.)	repiä	[repiæ]
mot (de)	koi	[koj]

33. Persoonlijke verzorging. Schoonheidsmiddelen

tandpasta (de)	hammastahna	[hammas·tahna]
tandenborstel (de)	hammasharja	[hammas·harja]
tanden poetsen (ww)	harjata hampaita	[harjata hampajta]
scheermes (het)	partahöylä	[parta·høylæ]
scheerschuim (het)	partavaahdoke	[parta·ua:hdoke]
zich scheren (ww)	ajaa parta	[aja: parta]
zeep (de)	saippua	[sajppua]
shampoo (de)	sampoo	[sampo:]
schaar (de)	sakset	[sakset]
nagelvijl (de)	kynsiviila	[kynsi·ui:la]
nagelknipper (de)	kynsileikkuri	[kynsi·lejkkuri]
pincet (het)	pinsetit	[pinsetit]
cosmetica (mv.)	meikki	[mejkki]
masker (het)	kasvonaamio	[kasuo·na:mio]
manicure (de)	manikyyri	[maniky:ri]
manicure doen	hoitaa kynsiä	[hojta: kynsiæ]
pedicure (de)	jalkahoito	[jalka·hojto]
cosmetica tasje (het)	meikkipussi	[mejkki·pussi]
poeder (de/het)	puuteri	[pu:teri]
poederdoos (de)	puuterirasia	[pu:teri·rasia]
rouge (de)	poskipuna	[poski·puna]
parfum (de/het)	parfyymi	[parfy:mi]
eau de toilet (de)	eau de toilette, hajuvesi	[o·de·tualet], [haju·uesi]
lotion (de)	kasvovesi	[kasuo·uesi]
eau de cologne (de)	kölninvesi	[kølnin·uesi]
oogschaduw (de)	luomiväri	[luomi·uæri]
oogpotlood (het)	rajauskynä	[rajaus·kynæ]
mascara (de)	ripsiväri	[ripsi·uæri]
lippenstift (de)	huulipuna	[hu:li·puna]

nagellak (de)	kynsilakka	[kynsi·lakka]
haarlak (de)	hiuslakka	[hius·lakka]
deodorant (de)	deodorantti	[deodorantti]
crème (de)	voide	[ʋojde]
gezichtscrème (de)	kasvovoide	[kasʋo·ʋojde]
handcrème (de)	käsivoide	[kæsi·ʋojde]
antirimpelcrème (de)	ryppyvoide	[ryppy·ʋojde]
dagcrème (de)	päivävoide	[pæjʋæ·ʋojde]
nachtcrème (de)	yövoide	[yø·ʋojde]
dag- (abn)	päivä-	[pæjʋæ]
nacht- (abn)	yö-	[yø]
tampon (de)	tamponi	[tamponi]
toiletpapier (het)	vessapaperi	[ʋessa·paperi]
föhn (de)	hiustenkuivaaja	[hiusteŋ·kujʋa:ja]

34. Horloges. Klokken

polshorloge (het)	rannekello	[ranne·kello]
wijzerplaat (de)	kellotaulu	[kello·taulu]
wijzer (de)	osoitin	[osojtin]
metalen horlogeband (de)	metalliranneke	[metalli·ranneke]
horlogebandje (het)	ranneke	[ranneke]
batterij (de)	paristo	[paristo]
leeg zijn (ww)	olla tyhjä	[olla tyhjæ]
batterij vervangen	vaihtaa paristo	[ʋajhta: paristo]
voorlopen (ww)	edistää	[edistæ:]
achterlopen (ww)	jätättää	[ætættæ:]
wandklok (de)	seinäkello	[sejnæ·kello]
zandloper (de)	tiimalasi	[ti:malasi]
zonnewijzer (de)	aurinkokello	[auriŋko·kello]
wekker (de)	herätyskello	[heræ tys·kello]
horlogemaker (de)	kelloseppä	[kello·seppæ]
repareren (ww)	korjata	[korjata]

Voedsel. Voeding

35. Voedsel

vlees (het)	**liha**	[liha]
kip (de)	**kana**	[kana]
kuiken (het)	**kananpoika**	[kanan·pojka]
eend (de)	**ankka**	[aŋkka]
gans (de)	**hanhi**	[hanhi]
wild (het)	**riista**	[ri:sta]
kalkoen (de)	**kalkkuna**	[kalkkuna]
varkensvlees (het)	**sianliha**	[sian·liha]
kalfsvlees (het)	**vasikanliha**	[ʋasikan·liha]
schapenvlees (het)	**lampaanliha**	[lampa:n·liha]
rundvlees (het)	**naudanliha**	[naudan·liha]
konijnenvlees (het)	**kaniini**	[kani:ni]
worst (de)	**makkara**	[makkara]
saucijs (de)	**nakki**	[nakki]
spek (het)	**pekoni**	[pekoni]
ham (de)	**kinkku**	[kiŋkku]
gerookte achterham (de)	**savustettu kinkku**	[saʋustettu kiŋkku]
paté (de)	**patee**	[pate:]
lever (de)	**maksa**	[maksa]
gehakt (het)	**jauheliha**	[jauhe·liha]
tong (de)	**kieli**	[kieli]
ei (het)	**muna**	[muna]
eieren (mv.)	**munat**	[munat]
eiwit (het)	**valkuainen**	[ʋalku·ajnen]
eigeel (het)	**keltuainen**	[keltuajnen]
vis (de)	**kala**	[kala]
zeevruchten (mv.)	**meren antimet**	[meren antimet]
schaaldieren (mv.)	**äyriäiset**	[æyriæjset]
kaviaar (de)	**kaviaari**	[kaʋia:ri]
krab (de)	**kuningasrapu**	[kuniŋas·rapu]
garnaal (de)	**katkarapu**	[katkarapu]
oester (de)	**osteri**	[osteri]
langoest (de)	**langusti**	[laŋusti]
octopus (de)	**meritursas**	[meri·tursas]
inktvis (de)	**kalmari**	[kalmari]
steur (de)	**sampi**	[sampi]
zalm (de)	**lohi**	[lohi]
heilbot (de)	**pallas**	[pallas]
kabeljauw (de)	**turska**	[turska]

makreel (de)	makrilli	[makrilli]
tonijn (de)	tonnikala	[tonnikala]
paling (de)	ankerias	[aŋkerias]
forel (de)	taimen	[tajmen]
sardine (de)	sardiini	[sardi:ni]
snoek (de)	hauki	[hauki]
haring (de)	silli	[silli]
brood (het)	leipä	[lejpæ]
kaas (de)	juusto	[ju:sto]
suiker (de)	sokeri	[sokeri]
zout (het)	suola	[suola]
rijst (de)	riisi	[ri:si]
pasta (de)	pasta, makaroni	[pasta], [makaroni]
noedels (mv.)	nuudeli	[nu:deli]
boter (de)	voi	[ʋoj]
plantaardige olie (de)	kasviöljy	[kasʋi·øljy]
zonnebloemolie (de)	auringonkukkaöljy	[auriŋon·kukka·øljy]
margarine (de)	margariini	[margari:ni]
olijven (mv.)	oliivit	[oli:ʋit]
olijfolie (de)	oliiviöljy	[oli:ʋi·øljy]
melk (de)	maito	[majto]
gecondenseerde melk (de)	maitotiiviste	[majto·ti:ʋiste]
yoghurt (de)	jogurtti	[jogurtti]
zure room (de)	hapankerma	[hapan·kerma]
room (de)	kerma	[kerma]
mayonaise (de)	majoneesi	[majone:si]
crème (de)	kreemi	[kre:mi]
graan (het)	suurimot	[su:rimot]
meel (het), bloem (de)	jauhot	[jauhot]
conserven (mv.)	säilyke	[sæjlyke]
maïsvlokken (mv.)	maissimurot	[majssi·murot]
honing (de)	hunaja	[hunaja]
jam (de)	hillo	[hillo]
kauwgom (de)	purukumi	[puru·kumi]

36. Drankjes

water (het)	vesi	[ʋesi]
drinkwater (het)	juomavesi	[juoma·ʋesi]
mineraalwater (het)	kivennäisvesi	[kiʋennæjs·ʋesi]
zonder gas	ilman hiilihappoa	[ilman hi:li·happoa]
koolzuurhoudend (bn)	hiilihappovettä	[hi:li·happoʋetta]
bruisend (bn)	hiilihappoinen	[hi:li·happojnen]
ijs (het)	jää	[jæ:]

met ijs	jään kanssa	[jæ:n kanssa]
alcohol vrij (bn)	alkoholiton	[alkoholiton]
alcohol vrije drank (de)	alkoholiton juoma	[alkoholiton juoma]
frisdrank (de)	virvoitusjuoma	[ʋirʋojtus·juoma]
limonade (de)	limonadi	[limonadi]
alcoholische dranken (mv.)	alkoholijuomat	[alkoholi·juomat]
wijn (de)	viini	[ʋi:ni]
witte wijn (de)	valkoviini	[ʋalko·ʋi:ni]
rode wijn (de)	punaviini	[puna·ʋi:ni]
likeur (de)	likööri	[likø:ri]
champagne (de)	samppanja	[samppanja]
vermout (de)	vermutti	[ʋermutti]
whisky (de)	viski	[ʋiski]
wodka (de)	votka, vodka	[ʋotka], [ʋodka]
gin (de)	gini	[gini]
cognac (de)	konjakki	[konjakki]
rum (de)	rommi	[rommi]
koffie (de)	kahvi	[kahʋi]
zwarte koffie (de)	musta kahvi	[musta kahʋi]
koffie (de) met melk	maitokahvi	[majto·kahʋi]
cappuccino (de)	cappuccino	[kaputʃi:no]
oploskoffie (de)	murukahvi	[muru·kahʋi]
melk (de)	maito	[majto]
cocktail (de)	cocktail	[koktejl]
milkshake (de)	pirtelö	[pirtelø]
sap (het)	mehu	[mehu]
tomatensap (het)	tomaattimehu	[toma:tti·mehu]
sinaasappelsap (het)	appelsiinimehu	[appelsi:ni·mehu]
vers geperst sap (het)	tuoremehu	[tuore·mehu]
bier (het)	olut	[olut]
licht bier (het)	vaalea olut	[ʋa:lea olut]
donker bier (het)	tumma olut	[tumma olut]
thee (de)	tee	[te:]
zwarte thee (de)	musta tee	[musta te:]
groene thee (de)	vihreä tee	[ʋihreæ te:]

37. Groenten

groenten (mv.)	vihannekset	[ʋihannekset]
verse kruiden (mv.)	lehtikasvikset	[lehti·kasʋikset]
tomaat (de)	tomaatti	[toma:tti]
augurk (de)	kurkku	[kurkku]
wortel (de)	porkkana	[porkkana]
aardappel (de)	peruna	[peruna]
ui (de)	sipuli	[sipuli]

knoflook (de)	valkosipuli	[ʋalko·sipuli]
kool (de)	kaali	[kaːli]
bloemkool (de)	kukkakaali	[kukka·kaːli]
spruitkool (de)	brysselinkaali	[brysseliŋ·kaːli]
broccoli (de)	parsakaali	[parsa·kaːli]
rode biet (de)	punajuuri	[puna·juːri]
aubergine (de)	munakoiso	[muna·kojso]
courgette (de)	kesäkurpitsa	[kesæ·kurpitsa]
pompoen (de)	kurpitsa	[kurpitsa]
raap (de)	nauris	[nauris]
peterselie (de)	persilja	[persilja]
dille (de)	tilli	[tilli]
sla (de)	lehtisalaatti	[lehti·salaːtti]
selderij (de)	selleri	[selleri]
asperge (de)	parsa	[parsa]
spinazie (de)	pinaatti	[pinaːtti]
erwt (de)	herne	[herne]
bonen (mv.)	pavut	[paʋut]
maïs (de)	maissi	[majssi]
nierboon (de)	pavut	[paʋut]
peper (de)	paprika	[paprika]
radijs (de)	retiisi	[retiːsi]
artisjok (de)	artisokka	[artisokka]

38. Vruchten. Noten

vrucht (de)	hedelmä	[hedelmæ]
appel (de)	omena	[omena]
peer (de)	päärynä	[pæːrynæ]
citroen (de)	sitruuna	[sitruːna]
sinaasappel (de)	appelsiini	[appelsiːni]
aardbei (de)	mansikka	[mansikka]
mandarijn (de)	mandariini	[mandariːni]
pruim (de)	luumu	[luːmu]
perzik (de)	persikka	[persikka]
abrikoos (de)	aprikoosi	[aprikoːsi]
framboos (de)	vadelma	[ʋadelma]
ananas (de)	ananas	[ananas]
banaan (de)	banaani	[banaːni]
watermeloen (de)	vesimeloni	[ʋesi·meloni]
druif (de)	viinirypäleet	[ʋiːni·rypæleːt]
zure kers (de)	hapankirsikka	[hapan·kirsikka]
zoete kers (de)	linnunkirsikka	[linnun·kirsikka]
meloen (de)	meloni	[meloni]
grapefruit (de)	greippi	[grejppi]
avocado (de)	avokado	[aʋokado]
papaja (de)	papaija	[papaija]

mango (de)	mango	[maŋo]
granaatappel (de)	granaattiomena	[grana:tti·omena]
rode bes (de)	punaherukka	[puna·herukka]
zwarte bes (de)	mustaherukka	[musta·herukka]
kruisbes (de)	karviainen	[karʋiajnen]
blauwe bosbes (de)	mustikka	[mustikka]
braambes (de)	karhunvatukka	[karhun·ʋatukka]
rozijn (de)	rusina	[rusina]
vijg (de)	viikuna	[ʋi:kuna]
dadel (de)	taateli	[ta:teli]
pinda (de)	maapähkinä	[ma:pæhkinæ]
amandel (de)	manteli	[manteli]
walnoot (de)	saksanpähkinä	[saksan·pæhkinæ]
hazelnoot (de)	hasselpähkinä	[hassel·pæhkinæ]
kokosnoot (de)	kookospähkinä	[ko:kos·pæhkinæ]
pistaches (mv.)	pistaasi	[pista:si]

39. Brood. Snoep

suikerbakkerij (de)	konditoriatuotteet	[konditorja·tuotte:t]
brood (het)	leipä	[lejpæ]
koekje (het)	keksit	[keksit]
chocolade (de)	suklaa	[sukla:]
chocolade- (abn)	suklaa-	[sukla:]
snoepje (het)	karamelli	[karamelli]
cakeje (het)	leivos	[lejʋos]
taart (bijv. verjaardags~)	kakku	[kakku]
pastei (de)	piirakka	[pi:rakka]
vulling (de)	täyte	[tæyte]
confituur (de)	hillo	[hillo]
marmelade (de)	marmeladi	[marmeladi]
wafel (de)	vohvelit	[ʋohʋelit]
ijsje (het)	jäätelö	[jæ:telø]
pudding (de)	vanukas	[ʋanukas]

40. Bereide gerechten

gerecht (het)	ruokalaji	[ruoka·laji]
keuken (bijv. Franse ~)	keittiö	[kejttiø]
recept (het)	resepti	[resepti]
portie (de)	annos	[annos]
salade (de)	salaatti	[sala:tti]
soep (de)	keitto	[kejtto]
bouillon (de)	liemi	[liemi]
boterham (de)	voileipä	[ʋoj·lejpæ]

spiegelei (het)	paistettu muna	[pajstettu muna]
hamburger (de)	hampurilainen	[hampurilajnen]
biefstuk (de)	pihvi	[pihui]
garnering (de)	lisäke	[lisæke]
spaghetti (de)	spagetti	[spagetti]
aardappelpuree (de)	perunasose	[peruna·sose]
pizza (de)	pizza	[pitsa]
pap (de)	puuro	[pu:ro]
omelet (de)	munakas	[munakas]
gekookt (in water)	keitetty	[kejtetty]
gerookt (bn)	savustettu	[sauustettu]
gebakken (bn)	paistettu	[pajstettu]
gedroogd (bn)	kuivattu	[kujuattu]
diepvries (bn)	jäädytetty	[jæ:dytetty]
gemarineerd (bn)	säilötty	[sæjløtty]
zoet (bn)	makea	[makea]
gezouten (bn)	suolainen	[suolajnen]
koud (bn)	kylmä	[kylmæ]
heet (bn)	kuuma	[ku:ma]
bitter (bn)	karvas	[karuas]
lekker (bn)	maukas	[maukas]
koken (in kokend water)	keittää	[kejttæ:]
bereiden (avondmaaltijd ~)	laittaa ruokaa	[lajtta: ruoka:]
bakken (ww)	paistaa	[pajsta:]
opwarmen (ww)	lämmittää	[læmmittæ:]
zouten (ww)	suolata	[suolata]
peperen (ww)	pippuroida	[pippurojda]
raspen (ww)	raastaa	[ra:sta:]
schil (de)	kuori	[kuori]
schillen (ww)	kuoria	[kuoria]

41. Kruiden

zout (het)	suola	[suola]
gezouten (bn)	suolainen	[suolajnen]
zouten (ww)	suolata	[suolata]
zwarte peper (de)	musta pippuri	[musta pippuri]
rode peper (de)	kuuma pippuri	[ku:ma pippuri]
mosterd (de)	sinappi	[sinappi]
mierikswortel (de)	piparjuuri	[pipar·ju:ri]
condiment (het)	höyste	[høyste]
specerij, kruiderij (de)	mauste	[mauste]
saus (de)	kastike	[kastike]
azijn (de)	etikka	[etikka]
anijs (de)	anis	[anis]
basilicum (de)	basilika	[basilika]

kruidnagel (de)	neilikka	[nejlikka]
gember (de)	inkivääri	[iŋkiʋæːri]
koriander (de)	korianteri	[korianteri]
kaneel (de/het)	kaneli	[kaneli]

sesamzaad (het)	seesami	[seːsami]
laurierblad (het)	laakerinlehti	[laːkerin·lehti]
paprika (de)	paprika	[paprika]
komijn (de)	kumina	[kumina]
saffraan (de)	sahrami	[sahrami]

42. Maaltijden

| eten (het) | ruoka | [ruoka] |
| eten (ww) | syödä | [syødæ] |

ontbijt (het)	aamiainen	[aːmiajnen]
ontbijten (ww)	syödä aamiaista	[syødæ aːmiajsta]
lunch (de)	lounas	[lounas]
lunchen (ww)	syödä lounasta	[syødæ lounasta]
avondeten (het)	illallinen	[illallinen]
souperen (ww)	syödä illallista	[syødæ illallista]

| eetlust (de) | ruokahalu | [ruoka·halu] |
| Eet smakelijk! | Hyvää ruokahalua! | [hyʋæː ruokahalua] |

openen (een fles ~)	avata	[aʋata]
morsen (koffie, enz.)	läikyttää	[læjkyttæː]
zijn gemorst	läikkyä	[læjkkyæ]

koken (water kookt bij 100°C)	kiehua	[kiehua]
koken (Hoe om water te ~)	keittää	[kejttæː]
gekookt (~ water)	keitetty	[kejtetty]

| afkoelen (koeler maken) | jäähdyttää | [jæːhdyttæː] |
| afkoelen (koeler worden) | jäähtyä | [jæːhtyæ] |

| smaak (de) | maku | [maku] |
| nasmaak (de) | sivumaku | [siʋu·maku] |

volgen een dieet	olla dieetillä	[olla dieːtilæ]
dieet (het)	dieetti	[dieːti]
vitamine (de)	vitamiini	[ʋitamiːni]
calorie (de)	kalori	[kalori]

| vegetariër (de) | kasvissyöjä | [kasʋissyøjæ] |
| vegetarisch (bn) | kasvis- | [kasʋis] |

vetten (mv.)	rasvat	[rasʋat]
eiwitten (mv.)	proteiinit	[proteiːnit]
koolhydraten (mv.)	hiilihydraatit	[hiːli·hydraːtit]
snede (de)	viipale	[ʋiːpale]
stuk (bijv. een ~ taart)	pala, viipale	[pala], [ʋiːpale]
kruimel (de)	muru	[muru]

43. Tafelschikking

lepel (de)	lusikka	[lusikka]
mes (het)	veitsi	[vejtsi]
vork (de)	haarukka	[ha:rukka]

kopje (het)	kuppi	[kuppi]
bord (het)	lautanen	[lautanen]
schoteltje (het)	teevati	[te:vati]
servet (het)	lautasliina	[lautas·li:na]
tandenstoker (de)	hammastikku	[hammas·tikku]

44. Restaurant

restaurant (het)	ravintola	[ravintola]
koffiehuis (het)	kahvila	[kahvila]
bar (de)	baari	[ba:ri]
tearoom (de)	teehuone	[te:huone]

kelner, ober (de)	tarjoilija	[tarjoilija]
serveerster (de)	tarjoilijatar	[tarjoilijatar]
barman (de)	baarimestari	[ba:ri·mestari]

menu (het)	ruokalista	[ruoka·lista]
wijnkaart (de)	viinilista	[vi:ni·lista]
een tafel reserveren	varata pöytä	[varata pøytæ]

gerecht (het)	ruokalaji	[ruoka·laji]
bestellen (eten ~)	tilata	[tilata]
een bestelling maken	tilata	[tilata]

aperitief (de/het)	aperitiivi	[aperiti:vi]
voorgerecht (het)	alkupala	[alku·pala]
dessert (het)	jälkiruoka	[jælki·ruoka]

rekening (de)	lasku	[lasku]
de rekening betalen	maksaa lasku	[maksa: lasku]
wisselgeld teruggeven	antaa vaihtorahaa	[anta: vajhtoraha:]
fooi (de)	juomaraha	[juoma·raha]

Familie, verwanten en vrienden

45. Persoonlijke informatie. Formulieren

naam (de)	nimi	[nimi]
achternaam (de)	sukunimi	[suku·nimi]
geboortedatum (de)	syntymäpäivä	[syntymæ·pæjʋæ]
geboorteplaats (de)	syntymäpaikka	[syntymæ·pajkka]
nationaliteit (de)	kansallisuus	[kansallisu:s]
woonplaats (de)	asuinpaikka	[asujn·pajkka]
land (het)	maa	[ma:]
beroep (het)	ammatti	[ammatti]
geslacht (ov. het vrouwelijk ~)	sukupuoli	[suku·puoli]
lengte (de)	pituus	[pitu:s]
gewicht (het)	paino	[pajno]

46. Familieleden. Verwanten

moeder (de)	äiti	[æjti]
vader (de)	isä	[isæ]
zoon (de)	poika	[pojka]
dochter (de)	tytär	[tytær]
jongste dochter (de)	nuorempi tytär	[nuorempi tytær]
jongste zoon (de)	nuorempi poika	[nuorempi pojka]
oudste dochter (de)	vanhempi tytär	[ʋanhempi tytær]
oudste zoon (de)	vanhempi poika	[ʋanhempi pojka]
broer (de)	veli	[ʋeli]
oudere broer (de)	vanhempi veli	[ʋanhempi ʋeli]
jongere broer (de)	nuorempi veli	[nuorempi ʋeli]
zuster (de)	sisar	[sisar]
oudere zuster (de)	vanhempi sisar	[ʋanhempi sisar]
jongere zuster (de)	nuorempi sisar	[nuorempi sisar]
neef (zoon van oom, tante)	serkku	[serkku]
nicht (dochter van oom, tante)	serkku	[serkku]
mama (de)	äiti	[æjti]
papa (de)	isä	[isæ]
ouders (mv.)	vanhemmat	[ʋanhemmat]
kind (het)	lapsi	[lapsi]
kinderen (mv.)	lapset	[lapset]
oma (de)	isoäiti	[iso·æjti]
opa (de)	isoisä	[iso·isæ]

kleinzoon (de)	lapsenlapsi	[lapsen·lapsi]
kleindochter (de)	lapsenlapsi	[lapsen·lapsi]
kleinkinderen (mv.)	lastenlapset	[lasten·lapset]
oom (de)	setä	[setæ]
tante (de)	täti	[tæti]
neef (zoon van broer, zus)	veljenpoika	[ueljen·pojka]
nicht (dochter van broer, zus)	sisarenpoika	[sisaren·pojka]
schoonmoeder (de)	anoppi	[anoppi]
schoonvader (de)	appi	[appi]
schoonzoon (de)	vävy	[uæuy]
stiefmoeder (de)	äitipuoli	[æjti·puoli]
stiefvader (de)	isäpuoli	[isæ·puoli]
zuigeling (de)	rintalapsi	[rinta·lapsi]
wiegenkind (het)	vauva	[uauua]
kleuter (de)	lapsi, pienokainen	[lapsi], [pienokajnen]
vrouw (de)	vaimo	[uajmo]
man (de)	mies	[mies]
echtgenoot (de)	aviomies	[auiomies]
echtgenote (de)	aviovaimo	[auiouajmo]
gehuwd (mann.)	naimisissa	[najmisissa]
gehuwd (vrouw.)	naimisissa	[najmisissa]
ongehuwd (mann.)	naimaton	[najmaton]
vrijgezel (de)	poikamies	[pojkamies]
gescheiden (bn)	eronnut	[eronnut]
weduwe (de)	leski	[leski]
weduwnaar (de)	leski	[leski]
familielid (het)	sukulainen	[sukulajnen]
dichte familielid (het)	lähisukulainen	[læɦi·sukulajnen]
verre familielid (het)	kaukainen sukulainen	[kaukajnen sukulajnen]
familieleden (mv.)	sukulaiset	[sukulajset]
wees (de), weeskind (het)	orpo	[orpo]
voogd (de)	holhooja	[holho:ja]
adopteren (een jongen te ~)	adoptoida	[adoptojda]
adopteren (een meisje te ~)	adoptoida	[adoptojda]

Geneeskunde

47. Ziekten

ziekte (de)	sairaus	[sajraus]
ziek zijn (ww)	sairastaa	[sajrasta:]
gezondheid (de)	terveys	[terʋeys]
snotneus (de)	nuha	[nuha]
angina (de)	angiina	[aŋi:na]
verkoudheid (de)	vilustuminen	[ʋilustuminen]
verkouden raken (ww)	vilustua	[ʋilustua]
bronchitis (de)	keuhkokatarri	[keuhko·katarri]
longontsteking (de)	keuhkotulehdus	[keuhko·tulehdus]
griep (de)	influenssa	[influenssa]
bijziend (bn)	likinäköinen	[likinækøjnen]
verziend (bn)	kaukonäköinen	[kaukonækøjnen]
scheelheid (de)	kierosilmäisyys	[kiero·silmæjsy:s]
scheel (bn)	kiero	[kiero]
grauwe staar (de)	harmaakaihi	[harma:kajhi]
glaucoom (het)	silmänpainetauti	[silmæn·pajne·tauti]
beroerte (de)	aivoinfarkti	[ajʋo·infarkti]
hartinfarct (het)	infarkti	[infarkti]
myocardiaal infarct (het)	sydäninfarkti	[sydæn·infarkti]
verlamming (de)	halvaus	[halʋaus]
verlammen (ww)	halvauttaa	[halʋautta:]
allergie (de)	allergia	[allergia]
astma (de/het)	astma	[astma]
diabetes (de)	diabetes	[diabetes]
tandpijn (de)	hammassärky	[hammas·særky]
tandbederf (het)	hammasmätä	[hammas·mætæ]
diarree (de)	ripuli	[ripuli]
constipatie (de)	ummetus	[ummetus]
maagstoornis (de)	vatsavaiva	[ʋatsa·ʋajʋa]
voedselvergiftiging (de)	ruokamyrkytys	[ruoka·myrkytys]
voedselvergiftiging oplopen	myrkyttyä	[myrkyttyæ]
artritis (de)	niveltulehdus	[niʋel·tulehdus]
rachitis (de)	riisitauti	[ri:sitati]
reuma (het)	reuma	[reuma]
arteriosclerose (de)	ateroskleroosi	[aterosklero:si]
gastritis (de)	mahakatarri	[maha·katarri]
blindedarmontsteking (de)	umpilisäketulehdus	[umpilisæke·tulehdus]

galblaasontsteking (de)	kolekystiitti	[kolekysti:tti]
zweer (de)	haavauma	[ha:vauma]
mazelen (mv.)	tuhkarokko	[tuhka·rokko]
rodehond (de)	vihurirokko	[vihuri·rokko]
geelzucht (de)	keltatauti	[kelta·tauti]
leverontsteking (de)	hepatiitti	[hepati:tti]
schizofrenie (de)	jakomielisyys	[jakomielisy:s]
dolheid (de)	raivotauti	[rajvo·tauti]
neurose (de)	neuroosi	[neuro:si]
hersenschudding (de)	aivotärähdys	[ajvo·tæræhdys]
kanker (de)	syöpä	[syøpæ]
sclerose (de)	skleroosi	[sklero:si]
multiple sclerose (de)	multippeliskleroosi	[multippeli·sklero:si]
alcoholisme (het)	alkoholismi	[alkoholismi]
alcoholicus (de)	alkoholisti	[alkoholisti]
syfilis (de)	kuppa, syfilis	[kuppa], [sifilis]
AIDS (de)	AIDS	[ajds]
tumor (de)	kasvain	[kasvajn]
kwaadaardig (bn)	pahanlaatuinen	[pahan·la:jtunen]
goedaardig (bn)	hyvänlaatuinen	[hyvænla:tunen]
koorts (de)	kuume	[ku:me]
malaria (de)	malaria	[malaria]
gangreen (het)	kuolio	[kuolio]
zeeziekte (de)	merisairaus	[meri·sajraus]
epilepsie (de)	epilepsia	[epilepsia]
epidemie (de)	epidemia	[epidemia]
tyfus (de)	lavantauti	[lavan·tauti]
tuberculose (de)	tuberkuloosi	[tuberkulo:si]
cholera (de)	kolera	[kolera]
pest (de)	rutto	[rutto]

48. Symptomen. Behandelingen. Deel 1

symptoom (het)	oire	[ojre]
temperatuur (de)	kuume	[ku:me]
verhoogde temperatuur (de)	korkea kuume	[korkea ku:me]
polsslag (de)	pulssi, syke	[pulssi], [syke]
duizeling (de)	huimaus	[hujmaus]
heet (erg warm)	kuuma	[ku:ma]
koude rillingen (mv.)	vilunväristys	[vilun·væristys]
bleek (bn)	kalpea	[kalpea]
hoest (de)	yskä	[yskæ]
hoesten (ww)	yskiä	[yskiæ]
niezen (ww)	aivastella	[ajvastella]
flauwte (de)	pyörtyminen	[pyørtyminen]

flauwvallen (ww)	pyörtyä	[pyørtyæ]
blauwe plek (de)	mustelma	[mustelma]
buil (de)	kuhmu	[kuhmu]
zich stoten (ww)	loukkaantua	[loukka:ntua]
kneuzing (de)	ruhje	[ruhje]
kneuzen (gekneusd zijn)	loukkaantua	[loukka:ntua]
hinken (ww)	ontua	[ontua]
verstuiking (de)	sijoiltaanmeno	[sijoilta:nmeno]
verstuiken (enkel, enz.)	siirtää sijoiltaan	[si:rtæ: sijoilta:n]
breuk (de)	murtuma	[murtuma]
een breuk oplopen	saada murtuma	[sa:da murtuma]
snijwond (de)	leikkaushaava	[lejkkaus·ha:ʋa]
zich snijden (ww)	leikata	[lejkata]
bloeding (de)	verenvuoto	[ʋeren·ʋuoto]
brandwond (de)	palohaava	[palo·ha:ʋa]
zich branden (ww)	polttaa itse	[poltta: itse]
prikken (ww)	pistää	[pistæ:]
zich prikken (ww)	pistää itseä	[pistæ: itseæ]
blesseren (ww)	vahingoittaa	[ʋahiŋojtta:]
blessure (letsel)	vamma, vaurio	[ʋamma], [ʋaurio]
wond (de)	haava	[ha:ʋa]
trauma (het)	trauma, vamma	[trauma], [ʋamma]
ijlen (ww)	hourailla	[hourajlla]
stotteren (ww)	änkyttää	[æŋkyttæ:]
zonnesteek (de)	auringonpistos	[auriŋon·pistos]

49. Symptomen. Behandelingen. Deel 2

pijn (de)	kipu	[kipu]
splinter (de)	tikku	[tikku]
zweet (het)	hiki	[hiki]
zweten (ww)	hikoilla	[hikojlla]
braking (de)	oksennus	[oksennus]
stuiptrekkingen (mv.)	kouristukset	[kouristukset]
zwanger (bn)	raskaana oleva	[raska:na oleʋa]
geboren worden (ww)	syntyä	[syntyæ]
geboorte (de)	synnytys	[synnytys]
baren (ww)	synnyttää	[synnyttæ:]
abortus (de)	raskaudenkeskeytys	[raskauden·keskeytys]
ademhaling (de)	hengitys	[heŋitys]
inademing (de)	sisäänhengitys	[sisæ:n·heŋitys]
uitademing (de)	uloshengitys	[ulos·heŋitys]
uitademen (ww)	hengittää ulos	[heŋittæ: ulos]
inademen (ww)	hengittää sisään	[heŋittæ: sisæ:n]
invalide (de)	invalidi	[inʋalidi]
gehandicapte (de)	rampa	[rampa]

drugsverslaafde (de)	narkomaani	[narkoma:ni]
doof (bn)	kuuro	[ku:ro]
stom (bn)	mykkä	[mykkæ]
doofstom (bn)	kuuromykkä	[ku:ro·mykkæ]
krankzinnig (bn)	mielenvikainen	[mielen·vikajnen]
krankzinnige (man)	hullu	[hullu]
krankzinnige (vrouw)	hullu	[hullu]
krankzinnig worden	tulla hulluksi	[tulla hulluksi]
gen (het)	geeni	[ge:ni]
immuniteit (de)	immuniteetti	[immunite:tti]
erfelijk (bn)	perintö-	[perintø]
aangeboren (bn)	synnynnäinen	[synnynnæjnen]
virus (het)	virus	[virus]
microbe (de)	mikrobi	[mikrobi]
bacterie (de)	bakteeri	[bakte:ri]
infectie (de)	infektio, tartunta	[infektio], [tartunta]

50. Symptomen. Behandelingen. Deel 3

ziekenhuis (het)	sairaala	[sajra:la]
patiënt (de)	potilas	[potilas]
diagnose (de)	diagnoosi	[diagno:si]
genezing (de)	lääkintä	[læ:kintæ]
medische behandeling (de)	hoito	[hojto]
onder behandeling zijn	saada hoitoa	[sa:da hojtoa]
behandelen (ww)	hoitaa	[hojta:]
zorgen (zieken ~)	hoitaa	[hojta:]
ziekenzorg (de)	hoito	[hojto]
operatie (de)	leikkaus	[lejkkaus]
verbinden (een arm ~)	sitoa	[sitoa]
verband (het)	sidonta	[sidonta]
vaccin (het)	rokotus	[rokotus]
inenten (vaccineren)	rokottaa	[rokotta:]
injectie (de)	injektio	[injektio]
een injectie geven	tehdä pisto	[tehdæ pisto]
aanval (de)	kohtaus	[kohtaus]
amputatie (de)	amputaatio	[amputa:tio]
amputeren (ww)	amputoida	[amputojda]
coma (het)	kooma	[ko:ma]
in coma liggen	olla koomassa	[olla ko:massa]
intensieve zorg, ICU (de)	teho-osasto	[teho·osasto]
zich herstellen (ww)	parantua	[parantua]
toestand (de)	terveydentila	[terveyden·tila]
bewustzijn (het)	tajunta	[tajunta]
geheugen (het)	muisti	[mujsti]
trekken (een kies ~)	poistaa	[pojsta:]

vulling (de)	**paikka**	[pajkka]
vullen (ww)	**paikata**	[pajkata]
hypnose (de)	**hypnoosi**	[hypno:si]
hypnotiseren (ww)	**hypnotisoida**	[hypnotisojda]

51. Artsen

dokter, arts (de)	**lääkäri**	[læ:kæri]
ziekenzuster (de)	**sairaanhoitaja**	[sajra:n·hojtaja]
lijfarts (de)	**omalääkäri**	[oma·læ:kæri]
tandarts (de)	**hammaslääkäri**	[hammas·læ:kæri]
oogarts (de)	**silmälääkäri**	[silmæ·læ:kæri]
therapeut (de)	**sisätautilääkäri**	[sisætauti·læ:kæri]
chirurg (de)	**kirurgi**	[kirurgi]
psychiater (de)	**psykiatri**	[psykiatri]
pediater (de)	**lastenlääkäri**	[lasten·læ:kæri]
psycholoog (de)	**psykologi**	[psykologi]
gynaecoloog (de)	**naistentautilääkäri**	[najstentauti·læ:kæri]
cardioloog (de)	**kardiologi**	[kardiologi]

52. Geneeskunde. Medicijnen. Accessoires

geneesmiddel (het)	**lääke**	[læ:ke]
middel (het)	**lääke**	[læ:ke]
voorschrijven (ww)	**määrätä**	[mæ:rætæ]
recept (het)	**resepti**	[resepti]
tablet (de/het)	**tabletti**	[tabletti]
zalf (de)	**voide**	[vojde]
ampul (de)	**ampulli**	[ampulli]
drank (de)	**liuos**	[liuos]
siroop (de)	**siirappi**	[si:rappi]
pil (de)	**pilleri**	[pilleri]
poeder (de/het)	**jauhe**	[jauɦe]
verband (het)	**side**	[side]
watten (mv.)	**vanu**	[vanu]
jodium (het)	**jodi**	[jodi]
pleister (de)	**laastari**	[la:stari]
pipet (de)	**pipetti**	[pipetti]
thermometer (de)	**kuumemittari**	[ku:me·mittari]
spuit (de)	**ruisku**	[rujsku]
rolstoel (de)	**pyörätuoli**	[pyøræ·tuoli]
krukken (mv.)	**kainalosauvat**	[kajnalo·sauvat]
pijnstiller (de)	**puudutusaine**	[pu:dutus·ajne]
laxeermiddel (het)	**ulostuslääke**	[ulostus·læ:ke]

spiritus (de)	**sprii**	[spri:]
medicinale kruiden (mv.)	**lääkeyrtti**	[læ:ke·yrtti]
kruiden- (abn)	**yrtti-**	[yrtti]

HET MENSELIJKE LEEFGEBIED

Stad

53. Stad. Het leven in de stad

stad (de)	kaupunki	[kaupuŋki]
hoofdstad (de)	pääkaupunki	[pæ:kaupuŋki]
dorp (het)	kylä	[kylæ]
plattegrond (de)	asemakaava	[asema·ka:ua]
centrum (ov. een stad)	keskusta	[keskusta]
voorstad (de)	esikaupunki	[esikaupuŋki]
voorstads- (abn)	esikaupunki-	[esikaupuŋki]
randgemeente (de)	laitakaupunginosa	[lajta·kaupunginosa]
omgeving (de)	ympäristö	[ympæristø]
blok (huizenblok)	kortteli	[kortteli]
woonwijk (de)	asuinkortteli	[asujŋ·kortteli]
verkeer (het)	liikenne	[li:kenne]
verkeerslicht (het)	liikennevalot	[li:kenne·ualot]
openbaar vervoer (het)	julkiset kulkuvälineet	[julkiset kulkuuæline:t]
kruispunt (het)	risteys	[risteys]
zebrapad (oversteekplaats)	suojatie	[suojatæ]
onderdoorgang (de)	alikäytävä	[ali·kæytæuæ]
oversteken (de straat ~)	ylittää	[ylittæ:]
voetganger (de)	jalankulkija	[jalaŋkulkija]
trottoir (het)	jalkakäytävä	[jalka·kæytæuæ]
brug (de)	silta	[silta]
dijk (de)	rantakatu	[ranta·katu]
fontein (de)	suihkulähde	[sujhku·læhde]
allee (de)	lehtikuja	[lehti·kuja]
park (het)	puisto	[pujsto]
boulevard (de)	bulevardi	[buleuardi]
plein (het)	aukio	[aukio]
laan (de)	valtakatu	[ualta·katu]
straat (de)	katu	[katu]
zijstraat (de)	kuja	[kuja]
doodlopende straat (de)	umpikuja	[umpikuja]
huis (het)	talo	[talo]
gebouw (het)	rakennus	[rakennus]
wolkenkrabber (de)	pilvenpiirtäjä	[piluen·pi:rtæjæ]
gevel (de)	julkisivu	[julki·siuu]
dak (het)	katto	[katto]

venster (het)	ikkuna	[ikkuna]
boog (de)	kaari	[ka:ri]
pilaar (de)	pylväs	[pylʋæs]
hoek (ov. een gebouw)	kulma	[kulma]
vitrine (de)	näyteikkuna	[næyte·ikkuna]
gevelreclame (de)	kauppakyltti	[kauppa·kyltti]
affiche (de/het)	juliste	[juliste]
reclameposter (de)	mainosjuliste	[majnos·juliste]
aanplakbord (het)	mainoskilpi	[majnos·kilpi]
vuilnis (de/het)	jäte	[jæte]
vuilnisbak (de)	roskis	[roskis]
afval weggooien (ww)	roskata	[roskata]
stortplaats (de)	kaatopaikka	[ka:to·pajkka]
telefooncel (de)	puhelinkoppi	[puɦeliŋ·koppi]
straatlicht (het)	lyhtypylväs	[lyhty·pylʋæs]
bank (de)	penkki	[peŋkki]
politieagent (de)	poliisi	[poli:si]
politie (de)	poliisi	[poli:si]
zwerver (de)	kerjäläinen	[kerjælæjnen]
dakloze (de)	koditon	[koditon]

54. Stedelijke instellingen

winkel (de)	kauppa	[kauppa]
apotheek (de)	apteekki	[apte:kki]
optiek (de)	optiikka	[opti:kka]
winkelcentrum (het)	kauppakeskus	[kauppa·keskus]
supermarkt (de)	supermarketti	[super·marketti]
bakkerij (de)	leipäkauppa	[lejpæ·kauppa]
bakker (de)	leipuri	[lejpuri]
banketbakkerij (de)	konditoria	[konditoria]
kruidenier (de)	sekatavarakauppa	[sekataʋara·kauppa]
slagerij (de)	lihakauppa	[liɦa·kauppa]
groentewinkel (de)	vihanneskauppa	[ʋiɦannes·kauppa]
markt (de)	kauppatori	[kauppa·tori]
koffiehuis (het)	kahvila	[kahʋila]
restaurant (het)	ravintola	[raʋintola]
bar (de)	pubi	[pubi]
pizzeria (de)	pizzeria	[pitseria]
kapperssalon (de/het)	parturinliike	[parturin·li:ke]
postkantoor (het)	posti	[posti]
stomerij (de)	kemiallinen pesu	[kemiallinen pesu]
fotostudio (de)	valokuvastudio	[ʋalokuʋa·studio]
schoenwinkel (de)	kenkäkauppa	[keŋkæ·kauppa]
boekhandel (de)	kirjakauppa	[kirja·kauppa]

sportwinkel (de)	urheilukauppa	[urhejlu·kauppa]
kledingreparatie (de)	vaatteiden korjaus	[ʋa:ttejden korjaus]
kledingverhuur (de)	vaate vuokralle	[ʋa:te ʋuokralle]
videotheek (de)	elokuvien vuokra	[elokuʋien ʋuokra]
circus (de/het)	sirkus	[sirkus]
dierentuin (de)	eläintarha	[elæjn·tarha]
bioscoop (de)	elokuvateatteri	[elokuʋa·teatteri]
museum (het)	museo	[museo]
bibliotheek (de)	kirjasto	[kirjasto]
theater (het)	teatteri	[teatteri]
opera (de)	ooppera	[o:ppera]
nachtclub (de)	yökerho	[yø·kerho]
casino (het)	kasino	[kasino]
moskee (de)	moskeija	[moskeja]
synagoge (de)	synagoga	[synagoga]
kathedraal (de)	tuomiokirkko	[tuomio·kirkko]
tempel (de)	temppeli	[temppeli]
kerk (de)	kirkko	[kirkko]
instituut (het)	instituutti	[institu:tti]
universiteit (de)	yliopisto	[yli·opisto]
school (de)	koulu	[koulu]
gemeentehuis (het)	prefektuuri	[prefektu:ri]
stadhuis (het)	kaupunginhallitus	[kaupuŋin·hallitus]
hotel (het)	hotelli	[hotelli]
bank (de)	pankki	[paŋkki]
ambassade (de)	suurlähetystö	[su:r·læhetystø]
reisbureau (het)	matkatoimisto	[matka·tojmisto]
informatieloket (het)	neuvontatoimisto	[neuʋonta·tojmisto]
wisselkantoor (het)	valuutanvaihtotoimisto	[ʋalu:tan·ʋajhto·tojmisto]
metro (de)	metro	[metro]
ziekenhuis (het)	sairaala	[sajra:la]
benzinestation (het)	bensiiniasema	[bensi:ni·asema]
parking (de)	parkkipaikka	[parkki·pajkka]

55. Borden

gevelreclame (de)	kauppakyltti	[kauppa·kyltti]
opschrift (het)	kyltti	[kyltti]
poster (de)	juliste, plakaatti	[juliste], [plaka:tti]
wegwijzer (de)	osoitin	[osojtin]
pijl (de)	nuoli	[nuoli]
waarschuwing (verwittiging)	varoitus	[ʋarojtus]
waarschuwingsbord (het)	varoitus	[ʋarojtus]
waarschuwen (ww)	varoittaa	[ʋarojtta:]
vrije dag (de)	vapaapäivä	[ʋapa:pæjʋæ]

| dienstregeling (de) | aikataulu | [ajka·taulu] |
| openingsuren (mv.) | aukioloaika | [aukiolo·ajka] |

WELKOM!	TERVETULOA!	[teruetuloa]
INGANG	SISÄÄN	[sisæ:n]
UITGANG	ULOS	[ulos]

DUWEN	TYÖNNÄ	[tyønnæ]
TREKKEN	VEDÄ	[uedæ]
OPEN	AUKI	[auki]
GESLOTEN	KIINNI	[ki:nni]

| DAMES | NAISET | [najset] |
| HEREN | MIEHET | [miehet] |

KORTING	ALE	[ale]
UITVERKOOP	ALENNUSMYYNTI	[alennus·my:nti]
NIEUW!	UUTUUS!	[u:tu:s]
GRATIS	ILMAISEKSI	[ilmajseksi]

PAS OP!	HUOMIO!	[huomio]
VOLGEBOEKT	EI OLE TILAA	[ej ole tila:]
GERESERVEERD	VARATTU	[uarattu]

| ADMINISTRATIE | HALLINTO | [hallinto] |
| ALLEEN VOOR PERSONEEL | VAIN HENKILÖKUNNALLE | [uajn heŋkilø·kunnalle] |

GEVAARLIJKE HOND	VARO KOIRAA!	[uaro kojra:]
VERBODEN TE ROKEN!	TUPAKOINTI KIELLETTY	[tupakojnti kielletty]
NIET AANRAKEN!	EI SAA KOSKEA!	[ej sa: koskea]

GEVAARLIJK	VAARA	[ua:ra]
GEVAAR	HENGENVAARA	[heŋenua:ra]
HOOGSPANNING	SUURJÄNNITE	[su:rjænnite]
VERBODEN TE ZWEMMEN	UIMINEN KIELLETTY	[ujminen kielletty]
BUITEN GEBRUIK	EI TOIMI	[ej tojmi]

ONTVLAMBAAR	SYTTYVÄ	[syttyuæ]
VERBODEN	KIELLETTY	[kielletty]
DOORGANG VERBODEN	LÄPIKULKU KIELLETTY	[læpikulku kielletty]
OPGELET PAS GEVERFD	ON MAALATTU	[on ma:lattu]

56. Stedelijk vervoer

bus, autobus (de)	bussi	[bussi]
tram (de)	raitiovaunu	[rajtio·uaunu]
trolleybus (de)	johdinauto	[johdin·auto]
route (de)	reitti	[rejtti]
nummer (busnummer, enz.)	numero	[numero]

rijden met ...	mennä ...	[mennæ]
stappen (in de bus ~)	nousta	[nousta]
afstappen (ww)	astua ulos	[astua ulos]

halte (de)	pysäkki	[pysækki]
volgende halte (de)	seuraava pysäkki	[seura:ʋa pysækki]
eindpunt (het)	pääteasema	[pæ:teasema]
dienstregeling (de)	aikataulu	[ajka·taulu]
wachten (ww)	odottaa	[odotta:]
kaartje (het)	lippu	[lippu]
reiskosten (de)	kyytimaksu	[ky:ti·maksu]
kassier (de)	kassanhoitaja	[kassan·hojtaja]
kaartcontrole (de)	tarkastus	[tarkastus]
controleur (de)	tarkastaja	[tarkastaja]
te laat zijn (ww)	myöhästyä	[myøhæstyæ]
missen (de bus ~)	myöhästyä	[myøhæstyæ]
zich haasten (ww)	olla kiire	[olla ki:re]
taxi (de)	taksi	[taksi]
taxichauffeur (de)	taksinkuljettaja	[taksiŋ·kuljettaja]
met de taxi (bw)	taksilla	[taksilla]
taxistandplaats (de)	taksiasema	[taksi·asema]
een taxi bestellen	tilata taksi	[tilata taksi]
een taxi nemen	ottaa taksi	[otta: taksi]
verkeer (het)	liikenne	[li:kenne]
file (de)	ruuhka	[ru:hka]
spitsuur (het)	ruuhka-aika	[ru:hka·ajka]
parkeren (on.ww.)	pysäköidä	[pysækøjdæ]
parkeren (ov.ww.)	pysäköidä	[pysækøjdæ]
parking (de)	parkkipaikka	[parkki·pajkka]
metro (de)	metro	[metro]
halte (bijv. kleine treinhalte)	asema	[asema]
de metro nemen	mennä metrolla	[mennæ metrolla]
trein (de)	juna	[juna]
station (treinstation)	rautatieasema	[rautatie·asema]

57. Bezienswaardigheden

monument (het)	patsas	[patsas]
vesting (de)	linna	[linna]
paleis (het)	palatsi	[palatsi]
kasteel (het)	linna	[linna]
toren (de)	torni	[torni]
mausoleum (het)	mausoleumi	[mausoleumi]
architectuur (de)	arkkitehtuuri	[arkkitehtu:ri]
middeleeuws (bn)	keskiaikainen	[keskiajkajnen]
oud (bn)	vanha	[ʋanha]
nationaal (bn)	kansallinen	[kansallinen]
bekend (bn)	tunnettu	[tunnettu]
toerist (de)	matkailija	[matkajlija]
gids (de)	opas	[opas]

rondleiding (de)	ekskursio, retki	[ekskursio], [retki]
tonen (ww)	näyttää	[næyttæ:]
vertellen (ww)	kertoa	[kertoa]

vinden (ww)	löytää	[løytæ:]
verdwalen (de weg kwijt zijn)	hävitä	[hæʋitæ]
plattegrond (~ van de metro)	reittikartta	[rejtti·kartta]
plattegrond (~ van de stad)	asemakaava	[asema·kɑ:ʋa]

souvenir (het)	matkamuisto	[matka·mujsto]
souvenirwinkel (de)	matkamuistokauppa	[matka·mujsto·kauppa]
foto's maken	valokuvata	[ʋalokuʋata]
zich laten fotograferen	valokuvauttaa itsensä	[ʋalokuʋautta: itsensæ]

58. Winkelen

kopen (ww)	ostaa	[osta:]
aankoop (de)	ostos	[ostos]
winkelen (ww)	käydä ostoksilla	[kæydæ ostoksilla]
winkelen (het)	shoppailu	[ʃoppajlu]

open zijn (ov. een winkel, enz.)	toimia	[tojmia]
gesloten zijn (ww)	olla kiinni	[olla ki:nni]

schoeisel (het)	jalkineet	[jalkine:t]
kleren (mv.)	vaatteet	[ʋa:tte:t]
cosmetica (mv.)	kosmetiikka	[kosmeti:kka]
voedingswaren (mv.)	ruokatavarat	[ruoka·taʋarat]
geschenk (het)	lahja	[lahja]

verkoper (de)	myyjä	[my:jæ]
verkoopster (de)	myyjätär	[my:jætær]

kassa (de)	kassa	[kassa]
spiegel (de)	peili	[pejli]
toonbank (de)	tiski	[tiski]
paskamer (de)	sovitushuone	[soʋitus·huone]

aanpassen (ww)	sovittaa	[soʋitta:]
passen (ov. kleren)	sopia	[sopia]
bevallen (prettig vinden)	pitää, tykätä	[pitæ:], [tykætæ]

prijs (de)	hinta	[hinta]
prijskaartje (het)	hintalappu	[hinta·lappu]
kosten (ww)	maksaa	[maksa:]
Hoeveel?	Kuinka paljon?	[kujŋka paljon]
korting (de)	alennus	[alennus]

niet duur (bn)	halpa	[halpa]
goedkoop (bn)	halpa	[halpa]
duur (bn)	kallis	[kallis]
Dat is duur.	Se on kallista	[se on kallista]
verhuur (de)	vuokra	[ʋuokra]

huren (smoking, enz.)	vuokrata	[ʋuokrata]
krediet (het)	luotto	[luotto]
op krediet (bw)	luotolla	[luotolla]

59. Geld

geld (het)	raha, rahat	[raɦa], [raɦat]
ruil (de)	valuutanvaihto	[ʋalu:tan·ʋajhto]
koers (de)	kurssi	[kurssi]
geldautomaat (de)	pankkiautomaatti	[paŋkki·automa:tti]
muntstuk (de)	kolikko	[kolikko]
dollar (de)	dollari	[dollari]
euro (de)	euro	[euro]
lire (de)	liira	[li:ra]
Duitse mark (de)	markka	[markka]
frank (de)	frangi	[fraŋi]
pond sterling (het)	punta	[punta]
yen (de)	jeni	[jeni]
schuld (geldbedrag)	velka	[ʋelka]
schuldenaar (de)	velallinen	[ʋelallinen]
uitlenen (ww)	lainata jollekulle	[lajnata jolekulle]
lenen (geld ~)	lainata joltakulta	[lajnata joltakulta]
bank (de)	pankki	[paŋkki]
bankrekening (de)	tili	[tili]
storten (ww)	tallettaa	[talletta:]
op rekening storten	tallettaa rahaa tilille	[talletta: raɦa: tilille]
opnemen (ww)	nostaa rahaa tililtä	[nosta: raɦa: tililta]
kredietkaart (de)	luottokortti	[luotto·kortti]
baar geld (het)	käteinen	[kætejnen]
cheque (de)	sekki	[sekki]
een cheque uitschrijven	kirjoittaa shekki	[kirjoitta: ʃekki]
chequeboekje (het)	sekkivihko	[sekki·ʋihko]
portefeuille (de)	lompakko	[lompakko]
geldbeugel (de)	kukkaro	[kukkaro]
safe (de)	kassakaappi	[kassa·ka:ppi]
erfgenaam (de)	perillinen	[perillinen]
erfenis (de)	perintö	[perintø]
fortuin (het)	varallisuus	[ʋarallisu:s]
huur (de)	vuokraus	[ʋuokraus]
huurprijs (de)	asuntovuokra	[asunto·ʋuokra]
huren (huis, kamer)	vuokrata	[ʋuokrata]
prijs (de)	hinta	[hinta]
kostprijs (de)	hinta	[hinta]
som (de)	summa	[summa]
uitgeven (geld besteden)	kuluttaa	[kulutta:]

kosten (mv.)	kulut	[kulut]
bezuinigen (ww)	säästäväisesti	[sæːstæʋæjsesti]
zuinig (bn)	säästäväinen	[sæːstæʋæjnen]
betalen (ww)	maksaa	[maksɑː]
betaling (de)	maksu	[maksu]
wisselgeld (het)	vaihtoraha	[ʋɑjhto·rɑɦɑ]
belasting (de)	vero	[ʋero]
boete (de)	sakko	[sɑkko]
beboeten (bekeuren)	sakottaa	[sɑkottɑː]

60. Post. Postkantoor

postkantoor (het)	posti	[posti]
post (de)	posti	[posti]
postbode (de)	postinkantaja	[postiŋ·kɑntɑjɑ]
openingsuren (mv.)	virka-aika	[ʋirkɑ·ɑjkɑ]
brief (de)	kirje	[kirje]
aangetekende brief (de)	kirjattu kirje	[kirjɑttu kirje]
briefkaart (de)	postikortti	[posti·kortti]
telegram (het)	sähke	[sæɦke]
postpakket (het)	paketti	[pɑketti]
overschrijving (de)	rahalähetys	[rɑɦɑ·læɦetys]
ontvangen (ww)	vastaanottaa	[ʋɑstɑːnottɑː]
sturen (zenden)	lähettää	[læɦettæː]
verzending (de)	lähettäminen	[læɦettæminen]
adres (het)	osoite	[osojte]
postcode (de)	postinumero	[posti·numero]
verzender (de)	lähettäjä	[læɦettæjæ]
ontvanger (de)	saaja, vastaanottaja	[sɑːjɑ], [ʋɑstɑːnottɑjɑ]
naam (de)	nimi	[nimi]
achternaam (de)	sukunimi	[suku·nimi]
tarief (het)	hinta, tariffi	[hintɑ], [tɑriffi]
standaard (bn)	tavallinen	[tɑʋɑllinen]
zuinig (bn)	edullinen	[edullinen]
gewicht (het)	paino	[pɑjno]
afwegen (op de weegschaal)	punnita	[punnitɑ]
envelop (de)	kirjekuori	[kirje·kuori]
postzegel (de)	postimerkki	[posti·merkki]
een postzegel plakken op	liimata postimerkki	[liːmɑtɑ posti·merkki]

Woning. Huis. Thuis

61. Huis. Elektriciteit

elektriciteit (de)	sähkö	[sæhkø]
lamp (de)	lamppu	[lamppu]
schakelaar (de)	kytkin	[kytkin]
zekering (de)	sulake	[sulake]
draad (de)	johto, johdin	[johto], [johdin]
bedrading (de)	johdotus	[johdotus]
elektriciteitsmeter (de)	sähkömittari	[sæhkø·mittari]
gegevens (mv.)	lukema	[lukema]

62. Villa. Herenhuis

landhuisje (het)	maatalo	[mɑ:talo]
villa (de)	huvila	[huʋila]
vleugel (de)	siipi	[si:pi]
tuin (de)	puutarha	[pu:tarha]
park (het)	puisto	[pujsto]
oranjerie (de)	talvipuutarha	[talui·pu:tarha]
onderhouden (tuin, enz.)	hoitaa	[hojtɑ:]
zwembad (het)	uima-allas	[ujma·allas]
gym (het)	urheiluhalli	[urhejlu·halli]
tennisveld (het)	tenniskenttä	[tennis·kenttæ]
bioscoopkamer (de)	elokuvateatteri	[elokuʋa·teatteri]
garage (de)	autotalli	[auto·talli]
privé-eigendom (het)	yksityisomaisuus	[yksityjs·omajsu:s]
eigen terrein (het)	yksityisomistukset	[yksityjs·omistukset]
waarschuwing (de)	varoitus	[ʋarojtus]
waarschuwingsbord (het)	varoituskirjoitus	[ʋarojtus·kirjoitus]
bewaking (de)	vartio	[ʋartio]
bewaker (de)	vartija	[ʋartija]
inbraakalarm (het)	hälytyslaite	[hælytys·lajte]

63. Appartement

appartement (het)	asunto	[asunto]
kamer (de)	huone	[huone]
slaapkamer (de)	makuuhuone	[maku:huone]

eetkamer (de)	ruokailuhuone	[ruokajlu·huone]
salon (de)	vierashuone	[vieras·huone]
studeerkamer (de)	työhuone	[tyø·huone]
gang (de)	eteinen	[etejnen]
badkamer (de)	kylpyhuone	[kylpy·huone]
toilet (het)	vessa	[vessa]
plafond (het)	sisäkatto	[sisæ·katto]
vloer (de)	lattia	[lattia]
hoek (de)	nurkka	[nurkka]

64. Meubels. Interieur

meubels (mv.)	huonekalut	[huone·kalut]
tafel (de)	pöytä	[pøytæ]
stoel (de)	tuoli	[tuoli]
bed (het)	sänky	[sæŋky]
bankstel (het)	sohva	[sohva]
fauteuil (de)	nojatuoli	[noja·tuoli]
boekenkast (de)	kaappi	[ka:ppi]
boekenrek (het)	hylly	[hylly]
kledingkast (de)	vaatekaappi	[va:te·ka:ppi]
kapstok (de)	ripustin	[ripustin]
staande kapstok (de)	naulakko	[naulakko]
commode (de)	lipasto	[lipasto]
salontafeltje (het)	sohvapöytä	[sohva·pøjtæ]
spiegel (de)	peili	[pejli]
tapijt (het)	matto	[matto]
tapijtje (het)	pieni matto	[pjeni matto]
haard (de)	takka	[takka]
kaars (de)	kynttilä	[kynttilæ]
kandelaar (de)	kynttilänjalka	[kynttilæn·jalka]
gordijnen (mv.)	kaihtimet	[kajhtimet]
behang (het)	tapetit	[tapetit]
jaloezie (de)	rullaverhot	[rulle·verhot]
bureaulamp (de)	pöytälamppu	[pøytæ·lamppu]
wandlamp (de)	seinävalaisin	[sejna·valajsin]
staande lamp (de)	lattialamppu	[lattia·lamppu]
luchter (de)	kattokruunu	[katto·kru:nu]
poot (ov. een tafel, enz.)	jalka	[jalka]
armleuning (de)	käsinoja	[kæsi·noja]
rugleuning (de)	selkänoja	[selkænoja]
la (de)	vetolaatikko	[veto·la:tikko]

65. Beddengoed

beddengoed (het)	vuodevaatteet	[ʋuode·ʋɑːtteːt]
kussen (het)	tyyny	[tyːny]
kussenovertrek (de)	tyynyliina	[tyːny·liːnɑ]
deken (de)	peitto, täkki	[pejte], [tækki]
laken (het)	lakana	[lɑkɑnɑ]
sprei (de)	peite	[pejte]

66. Keuken

keuken (de)	keittiö	[kejttiø]
gas (het)	kaasu	[kɑːsu]
gasfornuis (het)	kaasuliesi	[kɑːsu·liesi]
elektrisch fornuis (het)	sähköhella	[sæhkø·hellɑ]
oven (de)	paistinuuni	[pɑjstin·uːni]
magnetronoven (de)	mikroaaltouuni	[mikro·ɑːltou·uːni]
koelkast (de)	jääkaappi	[jæːkɑːppi]
diepvriezer (de)	pakastin	[pɑkɑstin]
vaatwasmachine (de)	astianpesukone	[ɑstiɑn·pesu·kone]
vleesmolen (de)	lihamylly	[lihɑ·mylly]
vruchtenpers (de)	mehunpuristin	[mehun·puristin]
toaster (de)	leivänpaahdin	[lejʋæn·pɑːhdin]
mixer (de)	sekoitin	[sekojtin]
koffiemachine (de)	kahvinkeitin	[kɑhʋiŋ·kejtin]
koffiepot (de)	kahvipannu	[kɑhʋi·pɑnnu]
koffiemolen (de)	kahvimylly	[kɑhʋi·mylly]
fluitketel (de)	teepannu	[teːpɑnnu]
theepot (de)	teekannu	[teːkɑnnu]
deksel (de/het)	kansi	[kɑnsi]
theezeefje (het)	teesiivilä	[teːsiːʋilæ]
lepel (de)	lusikka	[lusikkɑ]
theelepeltje (het)	teelusikka	[teːlusikkɑ]
eetlepel (de)	ruokalusikka	[ruokɑ·lusikkɑ]
vork (de)	haarukka	[hɑːrukkɑ]
mes (het)	veitsi	[ʋejtsi]
vaatwerk (het)	astiat	[ɑstiɑt]
bord (het)	lautanen	[lɑutɑnen]
schoteltje (het)	teevati	[teːʋɑti]
likeurglas (het)	shotti, snapsilasi	[shotti], [snɑpsi·lɑsi]
glas (het)	juomalasi	[juomɑ·lɑsi]
kopje (het)	kuppi	[kuppi]
suikerpot (de)	sokeriastia	[sokeri·ɑstiɑ]
zoutvat (het)	suola-astia	[suolɑ·ɑstiɑ]
pepervat (het)	pippuriastia	[pippuri·ɑstiɑ]

boterschaaltje (het)	voi astia	[ʋoj astia]
pan (de)	kasari, kattila	[kasari], [kattila]
bakpan (de)	pannu	[pannu]
pollepel (de)	kauha	[kauɦa]
vergiet (de/het)	lävikkö	[læʋikkø]
dienblad (het)	tarjotin	[tarjotin]
fles (de)	pullo	[pullo]
glazen pot (de)	lasitölkki	[lasi·tølkki]
blik (conserven~)	purkki	[purkki]
flesopener (de)	pullonavaaja	[pullon·aʋa:ja]
blikopener (de)	purkinavaaja	[purkin·aʋa:ja]
kurkentrekker (de)	korkkiruuvi	[korkki·ru:ʋi]
filter (de/het)	suodatin	[suodatin]
filteren (ww)	suodattaa	[suodatta:]
huisvuil (het)	roska, jäte	[roska], [jæte]
vuilnisemmer (de)	roskasanko	[roska·saŋko]

67. Badkamer

badkamer (de)	kylpyhuone	[kylpy·ɦuone]
water (het)	vesi	[ʋesi]
kraan (de)	hana	[hana]
warm water (het)	kuuma vesi	[ku:ma ʋesi]
koud water (het)	kylmä vesi	[kylmæ ʋesi]
tandpasta (de)	hammastahna	[hammas·tahna]
tanden poetsen (ww)	harjata hampaita	[harjata hampajta]
tandenborstel (de)	hammasharja	[hammas·harja]
zich scheren (ww)	ajaa parta	[aja: parta]
scheercrème (de)	partavaahto	[parta·ʋa:hto]
scheermes (het)	partahöylä	[parta·ɦøylæ]
wassen (ww)	pestä	[pestæ]
een bad nemen	peseytyä	[peseytyæ]
douche (de)	suihku	[sujhku]
een douche nemen	käydä suihkussa	[kæydæ suihkussa]
bad (het)	amme, kylpyamme	[amme], [kylpyamme]
toiletpot (de)	vessanpönttö	[ʋessan·pønttø]
wastafel (de)	pesuallas	[pesu·allas]
zeep (de)	saippua	[sajppua]
zeepbakje (het)	saippuakotelo	[sajppua·kotelo]
spons (de)	pesusieni	[pesu·sieni]
shampoo (de)	sampoo	[sampo:]
handdoek (de)	pyyhe	[py:he]
badjas (de)	kylpytakki	[kylpy·takki]
was (bijv. handwas)	pyykkäys	[py:kkæys]
wasmachine (de)	pesukone	[pesu·kone]

de was doen	pestä pyykkiä	[pestæ pyːkkiæ]
waspoeder (de)	pesujauhe	[pesuˈjauhe]

68. Huishoudelijke apparaten

televisie (de)	televisio	[televisio]
cassettespeler (de)	nauhuri	[nauhuri]
videorecorder (de)	videonauhuri	[videoˈnauhuri]
radio (de)	vastaanotin	[vastaːnotin]
speler (de)	soitin	[sojtin]
videoprojector (de)	projektori	[projektori]
home theater systeem (het)	kotiteatteri	[kotiˈteatteri]
DVD-speler (de)	DVD-soitin	[devedeˈsojtin]
versterker (de)	vahvistin	[vahvistin]
spelconsole (de)	pelikonsoli	[peliˈkonsoli]
videocamera (de)	videokamera	[videoˈkamera]
fotocamera (de)	kamera	[kamera]
digitale camera (de)	digitaalikamera	[digitaːliˈkamera]
stofzuiger (de)	pölynimuri	[pølynˈimuri]
strijkijzer (het)	silitysrauta	[silitysˈrauta]
strijkplank (de)	silityslauta	[silitysˈlauta]
telefoon (de)	puhelin	[puhelin]
mobieltje (het)	matkapuhelin	[matkaˈpuhelin]
schrijfmachine (de)	kirjoituskone	[kirjoitusˈkone]
naaimachine (de)	ompelukone	[ompeluˈkone]
microfoon (de)	mikrofoni	[mikrofoni]
koptelefoon (de)	kuulokkeet	[kuːlokkeːt]
afstandsbediening (de)	kaukosäädin	[kaukoˈsæːdin]
CD (de)	CD-levy	[sedeˈlevy]
cassette (de)	kasetti	[kasetti]
vinylplaat (de)	levy, vinyylilevy	[levy], [vinyːliˈlevy]

MENSELIJKE ACTIVITEITEN

Baan. Business. Deel 1

69. Kantoor. Op kantoor werken

kantoor (het)	toimisto	[tojmisto]
kamer (de)	työhuone	[tyø·huone]
receptie (de)	vastaanotto	[ʋasta:notto]
secretaris (de)	sihteeri	[sihte:ri]
directeur (de)	johtaja	[johtaja]
manager (de)	manageri	[manageri]
boekhouder (de)	kirjanpitäjä	[kirjan·pitæjæ]
werknemer (de)	työntekijä	[tyøn·tekijæ]
meubilair (het)	huonekalut	[huone·kalut]
tafel (de)	pöytä	[pøytæ]
bureaustoel (de)	nojatuoli	[noja·tuoli]
ladeblok (het)	laatikosto	[la:tikosto]
kapstok (de)	naulakko	[naulakko]
computer (de)	tietokone	[tieto·kone]
printer (de)	tulostin	[tulostin]
fax (de)	faksi	[faksi]
kopieerapparaat (het)	kopiokone	[kopio·kone]
papier (het)	paperi	[paperi]
kantoorartikelen (mv.)	toimistotarvikkeet	[tojmisto·tarʋikke:t]
muismat (de)	hiirimatto	[hi:ri·matto]
blad (het)	arkki	[arkki]
ordner (de)	kansio	[kansio]
catalogus (de)	luettelo	[luettelo]
telefoongids (de)	puhelinluettelo	[puhelin·luettelo]
documentatie (de)	asiakirjat	[asia·kirjat]
brochure (de)	brosyyri	[brosy:ri]
flyer (de)	lehtinen	[lehtinen]
monster (het), staal (de)	malli, näyte	[malli], [næyte]
training (de)	harjoittelu	[harjoittelu]
vergadering (de)	kokous	[kokous]
lunchpauze (de)	ruokatunti	[ruoka·tunti]
een kopie maken	ottaa kopio	[otta: kopio]
de kopieën maken	monistaa, kopioida	[monista:], [kopiojda]
een fax ontvangen	saada faksi	[sa:da faksi]
een fax versturen	lähettää faksilla	[læhettæ: faksilla]
opbellen (ww)	soittaa	[sojtta:]

antwoorden (ww)	vastata	[ʋastata]
doorverbinden (ww)	yhdistää puhelu	[yhdistæ: puhelu]
afspreken (ww)	järjestää	[jærjestæ:]
demonstreren (ww)	esittää	[esittæ:]
absent zijn (ww)	olla poissa	[olla pojssa]
afwezigheid (de)	poissaolo	[pojssaolo]

70. Bedrijfsprocessen. Deel 1

bedrijf (business)	liiketoiminta	[li:ketojminta]
zaak (de), beroep (het)	työ	[tyø]
firma (de)	yritys, firma	[yritys], [firma]
bedrijf (maatschap)	yhtiö	[yhtiø]
corporatie (de)	korporaatio	[korpora:tio]
onderneming (de)	yritys	[yritys]
agentschap (het)	toimisto	[tojmisto]
overeenkomst (de)	sopimus	[sopimus]
contract (het)	sopimus	[sopimus]
transactie (de)	kauppa	[kauppa]
bestelling (de)	tilaus	[tilaus]
voorwaarde (de)	ehto	[ehto]
in het groot (bw)	tukussa	[tukussa]
groothandels- (abn)	tukku-	[tukku]
groothandel (de)	tukkumyynti	[tukku·my:nti]
kleinhandels- (abn)	vähittäis-	[ʋæɦittæjs]
kleinhandel (de)	vähittäismyynti	[ʋæɦittæjs·my:nti]
concurrent (de)	kilpailija	[kilpajlija]
concurrentie (de)	kilpailu	[kilpajlu]
concurreren (ww)	kilpailla	[kilpajlla]
partner (de)	partneri	[partneri]
partnerschap (het)	kumppanuus	[kumppanu:s]
crisis (de)	kriisi	[kri:si]
bankroet (het)	vararikko	[ʋara·rikko]
bankroet gaan (ww)	tehdä vararikko	[tehdæ ʋararikko]
moeilijkheid (de)	vaikeus	[ʋajkeus]
probleem (het)	ongelma	[oŋelma]
catastrofe (de)	katastrofi	[katastrofi]
economie (de)	taloustiede	[talous·tiede]
economisch (bn)	taloudellinen	[taloudellinen]
economische recessie (de)	taantuma	[ta:ntuma]
doel (het)	päämäärä	[pæ:mæ:ræ]
taak (de)	tehtävä	[tehtæʋæ]
handelen (handel drijven)	käydä kauppaa	[kæydæ kauppa:]
netwerk (het)	verkko	[ʋerkko]
voorraad (de)	varasto	[ʋarasto]

assortiment (het)	valikoima	[ʋali·kojma]
leider (de)	johtaja	[johtaja]
groot (bn)	suuri	[suːri]
monopolie (het)	monopoli	[monopoli]
theorie (de)	teoria	[teoria]
praktijk (de)	harjoittelu	[harjoittelu]
ervaring (de)	kokemus	[kokemus]
tendentie (de)	tendenssi	[tendenssi]
ontwikkeling (de)	kehitys	[kehitys]

71. Bedrijfsprocessen. Deel 2

voordeel (het)	etu	[etu]
voordelig (bn)	kannattava	[kannattaʋa]
delegatie (de)	valtuuskunta	[ʋaltuːs·kunta]
salaris (het)	palkka	[palkka]
corrigeren (fouten ~)	korjata	[korjata]
zakenreis (de)	työmatka	[tyø·matka]
commissie (de)	provisio	[proʋisio]
controleren (ww)	tarkastaa	[tarkastaː]
conferentie (de)	konferenssi	[konferenssi]
licentie (de)	lisenssi	[lisenssi]
betrouwbaar (partner, enz.)	luotettava	[luotettaʋa]
aanzet (de)	aloite	[alojte]
norm (bijv. ~ stellen)	normi	[normi]
omstandigheid (de)	seikka	[sejkka]
taak, plicht (de)	velvollisuus	[ʋelʋollisuːs]
organisatie (bedrijf, zaak)	järjestö	[jærjestø]
organisatie (proces)	järjestely	[jærjestely]
georganiseerd (bn)	järjestynyt	[jærjestynyt]
afzegging (de)	peruutus	[peruːtus]
afzeggen (ww)	peruuttaa	[peruːttaː]
verslag (het)	raportti	[raportti]
patent (het)	patentti	[patentti]
patenteren (ww)	patentoida	[patentojda]
plannen (ww)	suunnitella	[suːnnitella]
premie (de)	bonus	[bonus]
professioneel (bn)	ammatti-	[amatti]
procedure (de)	menettely	[menettely]
onderzoeken (contract, enz.)	tarkastella	[tarkastella]
berekening (de)	laskelma	[laskelma]
reputatie (de)	maine	[majne]
risico (het)	riski	[riski]
beheren (managen)	johtaa	[johtaː]
informatie (de)	tiedot	[tiedot]

| eigendom (bezit) | omaisuus | [omajsu:s] |
| unie (de) | liitto | [li:tto] |

levensverzekering (de)	hengen vakuutus	[heŋen ʋaku:tus]
verzekeren (ww)	vakuuttaa	[ʋaku:tta:]
verzekering (de)	vakuutus	[ʋaku:tus]

veiling (de)	huutokauppa	[hu:to·kauppa]
verwittigen (ww)	tiedottaa	[tiedotta:]
beheer (het)	johtaminen	[johtaminen]
dienst (de)	palvelus	[palʋelus]

forum (het)	foorumi	[fo:rumi]
functioneren (ww)	toimia	[tojmia]
stap, etappe (de)	vaihe	[ʋajhe]
juridisch (bn)	oikeustieteellinen	[ojkeus·tiete:llinen]
jurist (de)	lakimies	[lakimies]

72. Productie. Werken

industriële installatie (fabriek)	tehdas	[tehdas]
fabriek (de)	tehdas	[tehdas]
werkplaatsruimte (de)	työpaja	[tyøpaja]
productielocatie (de)	tehdas	[tehdas]

industrie (de)	teollisuus	[teollisu:s]
industrieel (bn)	teollinen	[teollinen]
zware industrie (de)	raskas teollisuus	[raskas teollisu:s]
lichte industrie (de)	kevyt teollisuus	[keʋyt teollisu:s]

productie (de)	tuotanto	[tuotanto]
produceren (ww)	tuottaa	[tuotta:]
grondstof (de)	raaka-aine	[ra:ka·ajne]

voorman, ploegbaas (de)	työnjohtaja	[tyøn·johtaja]
ploeg (de)	työprikaati	[tyø·prika:ti]
arbeider (de)	työläinen	[tyølæjnen]

werkdag (de)	työpäivä	[tyø·pæjʋæ]
pauze (de)	seisaus	[seisaus]
samenkomst (de)	kokous	[kokous]
bespreken (spreken over)	käsitellä	[kæsitellæ]

plan (het)	suunnitelma	[su:nnitelma]
het plan uitvoeren	täyttää suunnitelma	[tæjttæ: su:nnitelma]
productienorm (de)	ulostulonopeus	ulostulo·nopeus
kwaliteit (de)	laatu, kvaliteetti	[la:tu], [kʋalite:tti]
controle (de)	tarkastus	[tarkastus]
kwaliteitscontrole (de)	laadunvalvonta	[la:dun·ʋalʋonta]

arbeidsveiligheid (de)	työturvallisuus	[tyø·turʋallisu:s]
discipline (de)	kuri	[kuri]
overtreding (de)	rikkomus	[rikkomus]
overtreden (ww)	rikkoa	[rikkoa]

staking (de)	lakko	[lakko]
staker (de)	lakkolainen	[lakkolajnen]
staken (ww)	lakkoilla	[lakkojlla]
vakbond (de)	ammattiliitto	[ammatti·li:tto]

uitvinden (machine, enz.)	keksiä	[keksiæ]
uitvinding (de)	keksintö	[keksintø]
onderzoek (het)	tutkimus	[tutkimus]
verbeteren (beter maken)	parantaa	[paranta:]
technologie (de)	teknologia	[teknologia]
technische tekening (de)	piirustus	[pi:rustus]

vracht (de)	lasti	[lasti]
lader (de)	lastaaja	[lasta:ja]
laden (vrachtwagen)	kuormata	[kuormata]
laden (het)	kuormaamista	[kuorma:mista]
lossen (ww)	purkaa lasti	[purka: lasti]
lossen (het)	purkamista	[purkamista]

transport (het)	kulkuneuvot	[kulku·neuvot]
transportbedrijf (de)	kuljetusyhtiö	[kuljetus·yhtiø]
transporteren (ww)	kuljettaa	[kuljetta:]

goederenwagon (de)	tavaravaunu	[tavara·vaunu]
tank (bijv. ketelwagen)	säiliö	[sæjliø]
vrachtwagen (de)	kuorma-auto	[kuorma·auto]

machine (de)	työstökone	[tyøstø·kone]
mechanisme (het)	koneisto	[konejsto]

industrieel afval (het)	teollisuusjäte	[teollisu:s·jæte]
verpakking (de)	pakkaaminen	[pakka:minen]
verpakken (ww)	pakata	[pakata]

73. Contract. Overeenstemming

contract (het)	sopimus	[sopimus]
overeenkomst (de)	sopimus	[sopimus]
bijlage (de)	liite	[li:te]

een contract sluiten	tehdä sopimus	[tehdæ sopimus]
handtekening (de)	allekirjoitus	[alle·kirjoitus]
ondertekenen (ww)	allekirjoittaa	[allekirjoitta:]
stempel (de)	leima	[lejma]

voorwerp (het) van de overeenkomst	sopimuksen kohde	[sopimuksen kohde]
clausule (de)	klausuuli	[klausu:li]
partijen (mv.)	asianosaiset	[asian·osajset]
vestigingsadres (het)	juridinen osoite	[juridinen osojte]

het contract verbreken (overtreden)	rikkoa sopimus	[rikkoa sopimus]
verplichting (de)	sitoumus	[sitoumus]

verantwoordelijkheid (de)	vastuu	[ʋɑstu:]
overmacht (de)	ylivoimainen este	[yliʋojmɑjnen este]
geschil (het)	kiista, väittely	[ki:stɑ], [ʋæjttely]
sancties (mv.)	sakkosanktiot	[sɑkko·sɑŋktiot]

74. Import & Export

import (de)	tuonti	[tuonti]
importeur (de)	maahantuoja	[mɑ:hɑn·tuojɑ]
importeren (ww)	tuoda maahan	[tuodɑ mɑ:hɑn]
import- (abn)	tuonti-	[tuonti]
uitvoer (export)	vienti	[ʋienti]
exporteur (de)	maastaviejä	[mɑ:stɑʋiejæ]
exporteren (ww)	viedä maasta	[ʋiedæ mɑ:stɑ]
uitvoer- (bijv., ~goederen)	vienti-	[ʋienti]
goederen (mv.)	tavara	[tɑʋɑrɑ]
partij (de)	erä	[eræ]
gewicht (het)	paino	[pɑjno]
volume (het)	tilavuus	[tilɑʋu:s]
kubieke meter (de)	kuutiometri	[ku:tio·metri]
producent (de)	tuottaja	[tuottɑjɑ]
transportbedrijf (de)	liikenneyhtiö	[li:kenne·yhtiø]
container (de)	kontti	[kontti]
grens (de)	raja	[rɑjɑ]
douane (de)	tulli	[tulli]
douanerecht (het)	tullimaksu	[tulli·mɑksu]
douanier (de)	tullimies	[tullimies]
smokkelen (het)	salakuljetus	[sɑlɑ·kuljetus]
smokkelwaar (de)	salakuljetustavara	[sɑlɑ·kuljetus·tɑʋɑrɑ]

75. Financiën

aandeel (het)	osake	[osɑke]
obligatie (de)	obligaatio	[obligɑ:tio]
wissel (de)	vekseli	[ʋekseli]
beurs (de)	pörssi	[pørssi]
aandelenkoers (de)	osakekurssi	[osɑke·kurssi]
dalen (ww)	halventua	[hɑlʋentuɑ]
stijgen (ww)	kallistua	[kɑllistuɑ]
deel (het)	osuus	[osu:s]
meerderheidsbelang (het)	osake-enemmistö	[osɑke·enemmistø]
investeringen (mv.)	investointi	[inʋestojnti]
investeren (ww)	investoida	[inʋestojdɑ]

| procent (het) | prosentti | [prosentti] |
| rente (de) | korko | [korko] |

winst (de)	voitto	[ʋojtto]
winstgevend (bn)	kannattava	[kɑnnɑttɑʋɑ]
belasting (de)	vero	[ʋero]

valuta (vreemde ~)	valuutta	[ʋɑluːttɑ]
nationaal (bn)	kansallinen	[kɑnsɑllinen]
ruil (de)	vaihto	[ʋɑjhto]

| boekhouder (de) | kirjanpitäjä | [kirjɑn·pitæjæ] |
| boekhouding (de) | kirjanpito | [kirjɑn·pito] |

bankroet (het)	vararikko	[ʋɑrɑ·rikko]
ondergang (de)	romahdus	[romɑhdus]
faillissement (het)	perikato	[perikɑto]
geruïneerd zijn (ww)	joutua perikatoon	[joutuɑ perikɑtoːn]
inflatie (de)	inflaatio	[inflɑːtio]
devaluatie (de)	devalvaatio	[deʋɑlʋɑːtio]

kapitaal (het)	pääoma	[pæːomɑ]
inkomen (het)	ansio, tulo	[ɑnsio], [tulo]
omzet (de)	kierto	[kierto]
middelen (mv.)	varat	[ʋɑrɑt]
financiële middelen (mv.)	rahavarat	[rɑhɑ·ʋɑrɑt]
operationele kosten (mv.)	yleiskulut	[ylejskulut]
reduceren (kosten ~)	supistaa	[supistɑː]

76. Marketing

marketing (de)	markkinointi	[mɑrkkinojnti]
markt (de)	markkinat	[mɑrkkinɑt]
marktsegment (het)	markkinoiden segmentti	[mɑrkkinojden segmentti]
product (het)	tuote	[tuote]
goederen (mv.)	tavara	[tɑʋɑrɑ]

merk (het)	brändi	[brændi]
handelsmerk (het)	tavaramerkki	[tɑʋɑrɑ·merkki]
beeldmerk (het)	logo, liikemerkki	[logo], [liːke·merkki]
logo (het)	logotyyppi	[logotyːppi]
vraag (de)	kysyntä	[kysyntæ]
aanbod (het)	tarjous	[tɑrjous]
behoefte (de)	tarve	[tɑrʋe]
consument (de)	kuluttaja	[kuluttɑjɑ]

analyse (de)	analyysi	[ɑnɑlyːsi]
analyseren (ww)	analysoida	[ɑnɑlysojdɑ]
positionering (de)	asemointi	[ɑsemojnti]
positioneren (ww)	asemoida	[ɑsemojdɑ]

prijs (de)	hinta	[hintɑ]
prijspolitiek (de)	hintapolitiikka	[hintɑ·politiːkkɑ]
prijsvorming (de)	hinnanmuodostus	[hinnɑn·muodostus]

77. Reclame

reclame (de)	mainos	[majnos]
adverteren (ww)	mainostaa	[majnosta:]
budget (het)	budjetti	[budjetti]
advertentie, reclame (de)	mainos	[majnos]
TV-reclame (de)	televisiomainos	[teleʋisio·majnos]
radioreclame (de)	radiomainos	[radio·majnos]
buitenreclame (de)	ulkomainos	[ulko·majnos]
massamedia (de)	joukkotiedotusvälineet	[joukko·tiedotus·ʋæline:t]
periodiek (de)	aikakausjulkaisu	[ajkakaus·julkajsu]
imago (het)	imago	[imago]
slagzin (de)	iskulause	[isku·lause]
motto (het)	tunnuslause	[tunnus·lause]
campagne (de)	kampanja	[kampanja]
reclamecampagne (de)	mainoskampanja	[majnos·kampanja]
doelpubliek (het)	kohderyhmä	[kohde·ryhmæ]
visitekaartje (het)	nimikortti	[nimi·kortti]
flyer (de)	lehtinen	[lehtinen]
brochure (de)	brosyyri	[brosy:ri]
folder (de)	kirjanen	[kirjanen]
nieuwsbrief (de)	uutiskirje	[u:tis·kirje]
gevelreclame (de)	kauppakyltti	[kauppa·kyltti]
poster (de)	juliste, plakaatti	[juliste], [plaka:tti]
aanplakbord (het)	mainoskilpi	[majnos·kilpi]

78. Bankieren

bank (de)	pankki	[paŋkki]
bankfiliaal (het)	osasto	[osasto]
bankbediende (de)	neuvoja	[neuʋoja]
manager (de)	johtaja	[johtaja]
bankrekening (de)	tili	[tili]
rekeningnummer (het)	tilinumero	[tili·numero]
lopende rekening (de)	käyttötili	[kæyttø·tili]
spaarrekening (de)	säästötili	[sæ:stø·tili]
een rekening openen	avata tili	[aʋata tili]
de rekening sluiten	kuolettaa tili	[kuoletta: tili]
op rekening storten	tallettaa rahaa tilille	[talletta: raha: tilille]
opnemen (ww)	nostaa rahaa tililtä	[nosta: raha: tililta]
storting (de)	talletus	[talletus]
een storting maken	tallettaa	[talletta:]
overschrijving (de)	rahansiirto	[rahan·si:rto]

een overschrijving maken	siirtää	[si:rtæ:]
som (de)	summa	[summa]
Hoeveel?	paljonko	[paljoŋko]
handtekening (de)	allekirjoitus	[alle·kirjoitus]
ondertekenen (ww)	allekirjoittaa	[allekirjoitta:]
kredietkaart (de)	luottokortti	[luotto·kortti]
code (de)	koodi	[ko:di]
kredietkaartnummer (het)	luottokortin numero	[luotto·kortin numero]
geldautomaat (de)	pankkiautomaatti	[paŋkki·automa:tti]
cheque (de)	sekki	[sekki]
een cheque uitschrijven	kirjoittaa sekki	[kirjoitta: sekki]
chequeboekje (het)	sekkivihko	[sekki·vihko]
lening, krediet (de)	laina	[lajna]
een lening aanvragen	hakea lainaa	[hakea lajna:]
een lening nemen	saada lainaa	[sa:da lajna:]
een lening verlenen	antaa lainaa	[anta: lajna:]
garantie (de)	takuu	[taku:]

79. Telefoon. Telefoongesprek

telefoon (de)	puhelin	[puhelin]
mobieltje (het)	matkapuhelin	[matka·puhelin]
antwoordapparaat (het)	puhelinvastaaja	[puhelin·vasta:ja]
bellen (ww)	soittaa	[sojtta:]
belletje (telefoontje)	soitto, puhelu	[sojtto], [puhelu]
een nummer draaien	valita numero	[valita numero]
Hallo!	Hei!	[hej]
vragen (ww)	kysyä	[kysyæ]
antwoorden (ww)	vastata	[vastata]
horen (ww)	kuulla	[ku:lla]
goed (bw)	hyvin	[hyvin]
slecht (bw)	huonosti	[huonosti]
storingen (mv.)	häiriöt	[hæjriøt]
hoorn (de)	kuuloke	[ku:loke]
opnemen (ww)	nostaa luuri	[nosta: lu:ri]
ophangen (ww)	lopettaa puhelu	[lopetta: puhelu]
bezet (bn)	varattu	[varattu]
overgaan (ww)	soittaa	[sojtta:]
telefoonboek (het)	puhelinluettelo	[puhelin·luettelo]
lokaal (bn)	paikallis-	[pajkallis]
lokaal gesprek (het)	paikallispuhelu	[pajkallis·puhelu]
interlokaal (bn)	kauko-	[kauko]
interlokaal gesprek (het)	kaukopuhelu	[kauko·puhelu]
buitenlands (bn)	ulkomaa	[ulkoma:]
buitenlands gesprek (het)	ulkomaanpuhelu	[ulkoma:n·puhelu]

80. Mobiele telefoon

mobieltje (het)	matkapuhelin	[matka·puhelin]
scherm (het)	näyttö	[næyttø]
toets, knop (de)	näppäin	[næppæjn]
simkaart (de)	SIM-kortti	[sim·kortti]

batterij (de)	paristo	[paristo]
leeg zijn (ww)	olla tyhjä	[olla tyhjæ]
acculader (de)	laturi	[laturi]

menu (het)	valikko	[valikko]
instellingen (mv.)	asetukset	[asetukset]
melodie (beltoon)	melodia	[melodia]
selecteren (ww)	valita	[valita]

rekenmachine (de)	laskin	[laskin]
voicemail (de)	puhelinvastaaja	[puhelin·vasta:ja]
wekker (de)	herätyskello	[herætys·kello]
contacten (mv.)	puhelinluettelo	[puhelin·luettelo]

SMS-bericht (het)	tekstiviesti	[teksti·viesti]
abonnee (de)	tilaaja	[tila:ja]

81. Schrijfbehoeften

balpen (de)	täytekynä	[tæyte·kynæ]
vulpen (de)	sulkakynä	[sulka·kynæ]

potlood (het)	lyijykynä	[lyjy·kynæ]
marker (de)	korostuskynä	[korostus·kynæ]
viltstift (de)	huopakynä	[huopa·kynæ]

notitieboekje (het)	lehtiö	[lehtiø]
agenda (boekje)	päiväkirja	[pæjvæ·kirja]

liniaal (de/het)	viivoitin	[vi:vojtin]
rekenmachine (de)	laskin	[laskin]
gom (de)	kumi	[kumi]
punaise (de)	nasta	[nasta]
paperclip (de)	paperiliitin	[paperi·li:tin]

lijm (de)	liima	[li:ma]
nietmachine (de)	nitoja	[nitoja]
perforator (de)	rei'itin	[rej·itin]
potloodslijper (de)	teroitin	[terojtin]

82. Soorten bedrijven

boekhouddiensten (mv.)	kirjanpitopalvelut	[kirjan·pito·palvelut]
reclame (de)	mainos	[majnos]

Nederlands	Fins	Uitspraak
reclamebureau (het)	mainostoimisto	[majnos·tojmisto]
airconditioning (de)	ilmastointilaitteet	[ilmastojnti·lajtte:t]
luchtvaartmaatschappij (de)	lentoyhtiö	[lento·yhtiø]
alcoholische dranken (mv.)	alkoholijuomat	[alkoholi·juomat]
antiek (het)	antikvariaatti	[antikvaria:tti]
kunstgalerie (de)	taidegalleria	[taide·galleria]
audit diensten (mv.)	tilintarkastuspalvelut	[tilin·tarkastus·palvelut]
banken (mv.)	pankkitoiminta	[paŋkki·tojminta]
bar (de)	baari	[ba:ri]
schoonheidssalon (de/het)	kauneushoitola	[kauneus·hojtola]
boekhandel (de)	kirjakauppa	[kirja·kauppa]
bierbrouwerij (de)	olutpanimo	[olut·panimo]
zakencentrum (het)	liiketoimisto	[li:ke·tojmisto]
business school (de)	liikekoulu	[li:ke·koulu]
casino (het)	kasino	[kasino]
bouwbedrijven (mv.)	rakennusala	[rakennus·ala]
adviesbureau (het)	neuvola	[neuvola]
tandheelkunde (de)	hammashoito	[hammas·hojto]
design (het)	muotoilu	[muotojlu]
apotheek (de)	apteekki	[apte:kki]
stomerij (de)	kemiallinen pesu	[kemiallinen pesu]
uitzendbureau (het)	henkilöstön valintatoimisto	[heŋkiløstøn valinta·tojmisto]
financiële diensten (mv.)	rahoituspalvelut	[rahojtus·palvelut]
voedingswaren (mv.)	ruokatavarat	[ruoka·tavarat]
uitvaartcentrum (het)	hautaustoimisto	[hautaus·tojmisto]
meubilair (het)	huonekalut	[huone·kalut]
kleding (de)	vaatteet	[va:tte:t]
hotel (het)	hotelli	[hotelli]
ijsje (het)	jäätelö	[jæ:telø]
industrie (de)	teollisuus	[teollisu:s]
verzekering (de)	vakuutus	[vaku:tus]
Internet (het)	internet, netti	[internet], [netti]
investeringen (mv.)	investointi	[investojnti]
juwelier (de)	kultaseppä	[kulta·seppæ]
juwelen (mv.)	koruesineet	[koruesine:t]
wasserette (de)	pesula	[pesula]
juridische diensten (mv.)	oikeudelliset palvelut	[ojkeudelliset palvelut]
lichte industrie (de)	kevyt teollisuus	[kevyt teollisu:s]
tijdschrift (het)	aikakauslehti	[ajkakaus·lehti]
postorderbedrijven (mv.)	postiluettelokauppa	[posti·luettelo·kauppa]
medicijnen (mv.)	lääketiede	[læ:ke·tiede]
bioscoop (de)	elokuvateatteri	[elokuva·teatteri]
museum (het)	museo	[museo]
persbureau (het)	tietotoimisto	[tieto·tojmisto]
krant (de)	lehti	[lehti]
nachtclub (de)	yökerho	[yø·kerho]

olie (aardolie)	öljy	[øljy]
koerierdienst (de)	lähetintoimisto	[læhetin·tojmisto]
farmacie (de)	farmasia	[farmasia]
drukkerij (de)	kirjapainoala	[kirja·pajno·ala]
uitgeverij (de)	kustantamo	[kustantamo]
radio (de)	radio	[radio]
vastgoed (het)	kiinteistö	[kiːntejstø]
restaurant (het)	ravintola	[ravintola]
bewakingsfirma (de)	vartioimisliike	[vartiojmis·liːke]
sport (de)	urheilu	[urhejlu]
handelsbeurs (de)	pörssi	[pørssi]
winkel (de)	kauppa	[kauppa]
supermarkt (de)	supermarketti	[super·marketti]
zwembad (het)	uima-allas	[ujma·allas]
naaiatelier (het)	ateljee	[ateljeː]
televisie (de)	televisio	[televisio]
theater (het)	teatteri	[teatteri]
handel (de)	kauppa	[kauppa]
transport (het)	kuljetukset	[kuljetukset]
toerisme (het)	matkailu	[matkajlu]
dierenarts (de)	eläinlääkäri	[elæjn·læːkari]
magazijn (het)	varasto	[varasto]
afvalinzameling (de)	roskien vienti	[roskien vienti]

Baan. Business. Deel 2

83. Show. Tentoonstelling

beurs (de)	näyttely	[næyttely]
vakbeurs, handelsbeurs (de)	kauppanäyttely	[kauppa·næyttely]
deelneming (de)	osallistuminen	[osallistuminen]
deelnemen (ww)	osallistua	[osallistua]
deelnemer (de)	näytteilleasettajalle	[næyttelle·asettajalle]
directeur (de)	johtaja	[johtaja]
organisatiecomité (het)	näyttelytoimikunta	[næyttely·tojmikunta]
organisator (de)	järjestäjä	[jærjestæjæ]
organiseren (ww)	järjestää	[jærjestæ:]
deelnemingsaanvraag (de)	ilmoittautumislomake	[ilmojttautumis·lomake]
invullen (een formulier ~)	täyttää	[tæyttæ:]
details (mv.)	yksityiskohdat	[yksityjs·kohdat]
informatie (de)	tiedot	[tiedot]
prijs (de)	hinta	[hinta]
inclusief (bijv. ~ BTW)	sisältäen	[sisæltæen]
inbegrepen (alles ~)	sisältää	[sisæltæ:]
betalen (ww)	maksaa	[maksa:]
registratietarief (het)	rekisteröintimaksu	[rekisterøjnti·maksu]
ingang (de)	sisäänkäynti	[sisæ:n·kæynti]
paviljoen (het), hal (de)	näyttelysali, paviljonki	[næyttely·sali], [pauiljoŋki]
registreren (ww)	rekisteröidä	[rekisterøjdæ]
badge, kaart (de)	nimikortti	[nimi·kortti]
beursstand (de)	osasto	[osasto]
reserveren (een stand ~)	varata	[uarata]
vitrine (de)	lasikko	[lasikko]
licht (het)	valo, valaisin	[ualo], [ualajsin]
design (het)	muotoilu	[muotojlu]
plaatsen (ww)	sijoittaa	[sijoitta:]
distributeur (de)	jakelija	[jakelija]
leverancier (de)	toimittaja	[tojmittaja]
leveren (ww)	toimittaa	[tojmitta:]
land (het)	maa	[ma:]
buitenlands (bn)	ulkomainen	[ulkomajnen]
product (het)	tuote	[tuote]
associatie (de)	yhdistys	[yhdistys]
conferentiezaal (de)	kokoussali	[kokous·sali]

congres (het)	kongressi	[koŋressi]
wedstrijd (de)	kilpailu	[kilpɑjlu]
bezoeker (de)	kävijä	[kæʋijæ]
bezoeken (ww)	käydä	[kæydæ]
afnemer (de)	asiakas	[ɑsiɑkɑs]

84. Wetenschap. Onderzoek. Wetenschappers

wetenschap (de)	tiede	[tiede]
wetenschappelijk (bn)	tieteellinen	[tiete:llinen]
wetenschapper (de)	tiedemies	[tiedemies]
theorie (de)	teoria	[teoriɑ]
axioma (het)	aksiomi	[aksiomi]
analyse (de)	analyysi	[analy:si]
analyseren (ww)	analysoida	[analysojda]
argument (het)	argumentti	[argumentti]
substantie (de)	aine	[ɑjne]
hypothese (de)	hypoteesi	[hypote:si]
dilemma (het)	dilemma	[dilemmɑ]
dissertatie (de)	väitöskirja	[ʋæjtøs·kirjɑ]
dogma (het)	dogmi	[dogmi]
doctrine (de)	doktriini, oppi	[doktri:ni], [oppi]
onderzoek (het)	tutkimus	[tutkimus]
onderzoeken (ww)	tutkia	[tutkiɑ]
toetsing (de)	tarkastus	[tɑrkastus]
laboratorium (het)	laboratorio	[laboratorio]
methode (de)	metodi	[metodi]
molecule (de/het)	molekyyli	[moleky:li]
monitoring (de)	valvonta	[ʋalʋonta]
ontdekking (de)	löytö	[løytø]
postulaat (het)	olettamus	[olettamus]
principe (het)	periaate	[periɑ:te]
voorspelling (de)	ennustus	[ennustus]
een prognose maken	ennustaa	[ennusta:]
synthese (de)	synteesi	[synte:si]
tendentie (de)	tendenssi	[tendenssi]
theorema (het)	lause, teoreema	[lɑuse], [teore:mɑ]
leerstellingen (mv.)	opetukset	[opetukset]
feit (het)	tosiasia	[tosiɑsiɑ]
expeditie (de)	löytöretki	[løytø·retki]
experiment (het)	koe	[koe]
academicus (de)	akateemikko	[ɑkate:mikko]
bachelor (bijv. BA, LLB)	kandidaatti	[kandidɑ:tti]
doctor (de)	tohtori	[tohtori]
universitair docent (de)	dosentti	[dosentti]

master, magister (de)	**maisteri**	[mɑjsteri]
professor (de)	**professori**	[professori]

Beroepen en ambachten

85. Zoeken naar werk. Ontslag

baan (de)	työ	[työ]
personeel (het)	henkilökunta	[heŋkilø·kunta]
carrière (de)	ura	[ura]
vooruitzichten (mv.)	mahdollisuudet	[mahdollisu:det]
meesterschap (het)	mestaruus	[mestaru:s]
keuze (de)	valinta	[ʋalinta]
uitzendbureau (het)	työvoimatoimisto	[tyøʋojma·tojmisto]
CV, curriculum vitae (het)	ansioluettelo	[ansio·luettelo]
sollicitatiegesprek (het)	työhaastattelu	[tyø·ha:stattelu]
vacature (de)	vakanssi	[ʋakanssi]
salaris (het)	palkka	[palkka]
vaste salaris (het)	kiinteä palkka	[ki:nteæ palkka]
loon (het)	maksu	[maksu]
betrekking (de)	virka	[ʋirka]
taak, plicht (de)	velvollisuus	[ʋelʋollisu:s]
takenpakket (het)	velvollisuudet	[ʋelʋollisu:det]
bezig (~ zijn)	varattu	[ʋarattu]
ontslagen (ww)	antaa potkut	[anta: potkut]
ontslag (het)	irtisanominen	[irtisanominen]
werkloosheid (de)	työttömyys	[tyøttømy:s]
werkloze (de)	työtön	[tyøtøn]
pensioen (het)	eläke	[elæke]
met pensioen gaan	jäädä eläkkeelle	[jæ:dæ elække:lle]

86. Zakenmensen

directeur (de)	johtaja	[johtaja]
beheerder (de)	johtaja	[johtaja]
hoofd (het)	esimies	[esimies]
baas (de)	päällikkö	[pæ:llikkø]
superieuren (mv.)	esimiehet	[esimiehet]
president (de)	presidentti	[presidentti]
voorzitter (de)	puheenjohtaja	[puɦe:n·johtaja]
adjunct (de)	sijainen	[sijainen]
assistent (de)	apulainen	[apulajnen]
secretaris (de)	sihteeri	[sihte:ri]

persoonlijke assistent (de)	henkilökohtainen avustaja	[heŋkylø·kohtajnen ɑuustɑjɑ]
zakenman (de)	liikemies	[li:kemies]
ondernemer (de)	yrittäjä	[yrittæjæ]
oprichter (de)	perustaja	[perustɑjɑ]
oprichten	perustaa	[perusta:]
(een nieuw bedrijf ~)		

stichter (de)	perustaja	[perustɑjɑ]
partner (de)	partneri	[pɑrtneri]
aandeelhouder (de)	osakkeenomistaja	[osɑkke:n·omistɑjɑ]

miljonair (de)	miljonääri	[miljonæ:ri]
miljardair (de)	miljardööri	[miljɑrdø:ri]
eigenaar (de)	omistaja	[omistɑjɑ]
landeigenaar (de)	maanomistaja	[mɑ:n·omistɑjɑ]

klant (de)	asiakas	[ɑsiɑkɑs]
vaste klant (de)	vakituinen asiakas	[ʋɑkitujnen ɑsiɑkɑs]
koper (de)	ostaja	[ostɑjɑ]
bezoeker (de)	kävijä	[kæʋijæ]

professioneel (de)	ammattilainen	[ɑmmɑttilɑjnen]
expert (de)	asiantuntija	[ɑsiɑntuntijɑ]
specialist (de)	asiantuntija	[ɑsiɑntuntijɑ]

| bankier (de) | pankkiiri | [pɑŋkki:ri] |
| makelaar (de) | pörssimeklari | [pørssi·meklɑri] |

kassier (de)	kassanhoitaja	[kɑssɑn·hojtɑjɑ]
boekhouder (de)	kirjanpitäjä	[kirjɑn·pitæjæ]
bewaker (de)	vartija	[ʋɑrtijɑ]

investeerder (de)	sijoittaja	[sijoittɑjɑ]
schuldenaar (de)	velallinen	[ʋelɑllinen]
crediteur (de)	luotonantaja	[luoton·ɑntɑjɑ]
lener (de)	lainanottaja	[lɑjnɑn·ottɑjɑ]

| importeur (de) | maahantuoja | [mɑ:hɑn·tuojɑ] |
| exporteur (de) | maastaviejä | [mɑ:stɑʋiejæ] |

producent (de)	tuottaja	[tuottɑjɑ]
distributeur (de)	jakelija	[jɑkelijɑ]
bemiddelaar (de)	välittäjä	[ʋælittæjæ]

adviseur, consulent (de)	neuvoja	[neuʋojɑ]
vertegenwoordiger (de)	edustaja	[edustɑjɑ]
agent (de)	asiamies	[ɑsiɑmies]
verzekeringsagent (de)	vakuutusasiamies	[ʋɑku:tus·ɑsiɑmies]

87. Dienstverlenende beroepen

kok (de)	kokki	[kokki]
chef-kok (de)	keittiömestari	[kejttiø·mestɑri]
bakker (de)	leipuri	[lejpuri]

barman (de)	baarimestari	[bɑ:ri·mestari]
kelner, ober (de)	tarjoilija	[tarjoilija]
serveerster (de)	tarjoilijatar	[tarjoilijatar]
advocaat (de)	asianajaja	[asianajaja]
jurist (de)	lakimies	[lakimies]
notaris (de)	notaari	[nota:ri]
elektricien (de)	sähkömies	[saehkømies]
loodgieter (de)	putkimies	[putkimies]
timmerman (de)	kirvesmies	[kirʋesmies]
masseur (de)	hieroja	[hieroja]
masseuse (de)	naishieroja	[najs·hieroja]
dokter, arts (de)	lääkäri	[læ:kæri]
taxichauffeur (de)	taksinkuljettaja	[taksiŋ·kuljettaja]
chauffeur (de)	kuljettaja	[kuljettaja]
koerier (de)	kuriiri	[kuri:ri]
kamermeisje (het)	huonesiivooja	[huone·si:ʋo:ja]
bewaker (de)	vartija	[ʋartija]
stewardess (de)	lentoemäntä	[lento·emæntæ]
meester (de)	opettaja	[opettaja]
bibliothecaris (de)	kirjastonhoitaja	[kirjaston·hojtaja]
vertaler (de)	kääntäjä	[kæ:ntæjæ]
tolk (de)	tulkki	[tulkki]
gids (de)	opas	[opɑs]
kapper (de)	parturi	[parturi]
postbode (de)	postinkantaja	[postiŋ·kantaja]
verkoper (de)	myyjä	[my:jæ]
tuinman (de)	puutarhuri	[pu:tarhuri]
huisbediende (de)	palvelija	[palʋelija]
dienstmeisje (het)	sisäkkö	[sisækkø]
schoonmaakster (de)	siivooja	[si:ʋo:ja]

88. Militaire beroepen en rangen

soldaat (rang)	sotamies	[sotamies]
sergeant (de)	kersantti	[kersantti]
luitenant (de)	luutnantti	[lu:tnantti]
kapitein (de)	kapteeni	[kapte:ni]
majoor (de)	majuri	[majuri]
kolonel (de)	eversti	[eʋersti]
generaal (de)	kenraali	[kenrɑ:li]
maarschalk (de)	marsalkka	[marsalkka]
admiraal (de)	amiraali	[amirɑ:li]
militair (de)	sotilashenkilö	[sotilas·heŋkilø]
soldaat (de)	sotilas	[sotilas]

officier (de)	upseeri	[upse:ri]
commandant (de)	komentaja	[komentaja]
grenswachter (de)	rajavartija	[raja·ʋartija]
marconist (de)	radisti	[radisti]
verkenner (de)	tiedustelija	[tiedustelija]
sappeur (de)	pioneeri	[pione:ri]
schutter (de)	ampuja	[ampuja]
stuurman (de)	perämies	[peræmies]

89. Ambtenaren. Priesters

koning (de)	kuningas	[kuniŋas]
koningin (de)	kuningatar	[kuniŋatar]
prins (de)	prinssi	[prinssi]
prinses (de)	prinsessa	[prinsessa]
tsaar (de)	tsaari	[tsa:ri]
tsarina (de)	tsaaritar	[tsa:ritar]
president (de)	presidentti	[presidentti]
minister (de)	ministeri	[ministeri]
eerste minister (de)	pääministeri	[pæ:ministeri]
senator (de)	senaattori	[sena:ttori]
diplomaat (de)	diplomaatti	[diploma:tti]
consul (de)	konsuli	[konsuli]
ambassadeur (de)	suurlähettiläs	[su:r·læɦettilæs]
adviseur (de)	neuvos	[neuʋos]
ambtenaar (de)	virkamies	[ʋirkamies]
prefect (de)	prefekti	[prefekti]
burgemeester (de)	kaupunginjohtaja	[kaupuŋin·johtaja]
rechter (de)	tuomari	[tuomari]
aanklager (de)	syyttäjä	[sy:ttæjæ]
missionaris (de)	lähetystyöntekijä	[læɦetys·tyøntekija]
monnik (de)	munkki	[muŋkki]
abt (de)	apotti	[apotti]
rabbi, rabbijn (de)	rabbi	[rabbi]
vizier (de)	visiiri	[ʋisi:ri]
sjah (de)	šaahi	[ʃa:hi]
sjeik (de)	šeikki	[ʃejkki]

90. Agrarische beroepen

imker (de)	mehiläishoitaja	[meɦilæjs·hojtaja]
herder (de)	paimen	[pajmen]
landbouwkundige (de)	agronomi	[agronomi]

veehouder (de)	karjanhoitaja	[karjan·hojtaja]
dierenarts (de)	eläinlääkäri	[elæjn·læ:kari]
landbouwer (de)	farmari	[farmari]
wijnmaker (de)	viininvalmistaja	[ʋi:nin·ʋalmistaja]
zoöloog (de)	eläintieteilijä	[elæjn·tietejlijæ]
cowboy (de)	cowboy	[kauboj]

91. Kunst beroepen

acteur (de)	näyttelijä	[næyttelijæ]
actrice (de)	näyttelijätär	[næyttelijætær]
zanger (de)	laulaja	[laulaja]
zangeres (de)	laulaja	[laulaja]
danser (de)	tanssija	[tanssija]
danseres (de)	tanssijatar	[tanssijatar]
artiest (mann.)	näyttelijä	[næyttelijæ]
artiest (vrouw.)	näyttelijätär	[næyttelijætær]
muzikant (de)	muusikko	[mu:sikko]
pianist (de)	pianisti	[pianisti]
gitarist (de)	kitaransoittaja	[kitaran·sojttaja]
orkestdirigent (de)	kapellimestari	[kapelli·mestari]
componist (de)	säveltäjä	[sæʋeltæjæ]
impresario (de)	impressaari	[impressa:ri]
filmregisseur (de)	ohjaaja	[ohja:ja]
filmproducent (de)	elokuvatuottaja	[elokuʋa·tuottaja]
scenarioschrijver (de)	käsikirjoittaja	[kæsi·kirjoittaja]
criticus (de)	arvostelija	[arʋostelija]
schrijver (de)	kirjailija	[kirjailija]
dichter (de)	runoilija	[runojlija]
beeldhouwer (de)	kuvanveistäjä	[kuʋan·ʋejstæjæ]
kunstenaar (de)	taiteilija	[tajtejlija]
jongleur (de)	jonglööri	[joŋlø:ri]
clown (de)	klovni	[kloʋni]
acrobaat (de)	akrobaatti	[akroba:tti]
goochelaar (de)	taikuri	[tajkuri]

92. Verschillende beroepen

dokter, arts (de)	lääkäri	[læ:kæri]
ziekenzuster (de)	sairaanhoitaja	[sajra:n·hojtaja]
psychiater (de)	psykiatri	[psykiatri]
tandarts (de)	hammaslääkäri	[hammas·læ:kæri]
chirurg (de)	kirurgi	[kirurgi]

astronaut (de)	astronautti	[astronautti]
astronoom (de)	tähtitieteilijä	[tæhti·tietejlijæ]
piloot (de)	lentäjä	[lentæjæ]
chauffeur (de)	kuljettaja	[kuljettaja]
machinist (de)	junankuljettaja	[yneŋ·kuljettaja]
mecanicien (de)	mekaanikko	[meka:nikko]
mijnwerker (de)	kaivosmies	[kajʋosmies]
arbeider (de)	työläinen	[tyølæjnen]
bankwerker (de)	lukkoseppä	[lukko·seppæ]
houtbewerker (de)	puuseppä	[pu:seppæ]
draaier (de)	sorvari	[sorʋari]
bouwvakker (de)	rakentaja	[rakentaja]
lasser (de)	hitsari	[hitsari]
professor (de)	professori	[professori]
architect (de)	arkkitehti	[arkkitehti]
historicus (de)	historioitsija	[historiojtsija]
wetenschapper (de)	tiedemies	[tiedemies]
fysicus (de)	fyysikko	[fy:sikko]
scheikundige (de)	kemisti	[kemisti]
archeoloog (de)	arkeologi	[arkeologi]
geoloog (de)	geologi	[geologi]
onderzoeker (de)	tutkija	[tutkija]
babysitter (de)	lastenhoitaja	[lasten·hojtaja]
leraar, pedagoog (de)	pedagogi	[pedagogi]
redacteur (de)	toimittaja	[tojmittaja]
chef-redacteur (de)	päätoimittaja	[pæ:tojmittaja]
correspondent (de)	kirjeenvaihtaja	[kirje:n·ʋajhtaja]
typiste (de)	konekirjoittaja	[kone·kirjoittaja]
designer (de)	muotoilija	[muotojlija]
computerexpert (de)	tietokoneasiantuntija	[tietokone·asiantuntija]
programmeur (de)	ohjelmoija	[ohjelmoja]
ingenieur (de)	insinööri	[insinø:ri]
matroos (de)	merimies	[merimies]
zeeman (de)	matruusi	[matru:si]
redder (de)	pelastaja	[pelastaja]
brandweerman (de)	palomies	[palomies]
politieagent (de)	poliisi	[poli:si]
nachtwaker (de)	vahti	[ʋahti]
detective (de)	etsivä	[etsiʋæ]
douanier (de)	tullimies	[tullimies]
lijfwacht (de)	henkivartija	[heŋki·ʋartija]
gevangenisbewaker (de)	vanginvartija	[ʋaŋin·ʋartija]
inspecteur (de)	tarkastaja	[tarkastaja]
sportman (de)	urheilija	[urhejlija]
trainer (de)	valmentaja	[ʋalmentaja]

slager, beenhouwer (de)	lihanleikkaaja	[liħan·lejkka:ja]
schoenlapper (de)	suutari	[su:tari]
handelaar (de)	kauppias	[kauppjas]
lader (de)	lastaaja	[lasta:ja]
kledingstilist (de)	muotisuunnittelija	[muoti·su:nnittelija]
model (het)	malli	[malli]

93. Beroepen. Sociale status

scholier (de)	koululainen	[koululajnen]
student (de)	ylioppilas	[yli·oppilas]
filosoof (de)	filosofi	[filosofi]
econoom (de)	taloustieteilijä	[talous·tietejlijæ]
uitvinder (de)	keksijä	[keksijæ]
werkloze (de)	työtön	[tyøtøn]
gepensioneerde (de)	eläkeläinen	[elækelæjnen]
spion (de)	vakoilija	[vakojlija]
gedetineerde (de)	vanki	[vaŋki]
staker (de)	lakkolainen	[lakkolajnen]
bureaucraat (de)	byrokraatti	[byrokra:tti]
reiziger (de)	matkailija	[matkajlija]
homoseksueel (de)	homoseksuaali	[homoseksua:li]
hacker (computerkraker)	hakkeri	[hakkeri]
hippie (de)	hippi	[hippi]
bandiet (de)	rosvo	[rosvo]
huurmoordenaar (de)	salamurhaaja	[sala·murha:ja]
drugsverslaafde (de)	narkomaani	[narkoma:ni]
drugshandelaar (de)	huumekauppias	[hu:me·kauppias]
prostituee (de)	prostituoitu	[prostituojtu]
pooier (de)	sutenööri	[sutenø:ri]
tovenaar (de)	noita	[nojta]
tovenares (de)	noita	[nojta]
piraat (de)	merirosvo	[meri·rosvo]
slaaf (de)	orja	[orja]
samoerai (de)	samurai	[samuraj]
wilde (de)	villi-ihminen	[villi·ihminen]

Onderwijs

94. School

school (de)	koulu	[koulu]
schooldirecteur (de)	rehtori	[rehtori]
leerling (de)	oppilas	[oppilas]
leerlinge (de)	tyttöoppilas	[tyttø·oppilas]
scholier (de)	koululainen	[koululajnen]
scholiere (de)	koululainen	[koululajnen]
leren (lesgeven)	opettaa	[opetta:]
studeren (bijv. een taal ~)	opetella	[opetella]
van buiten leren	opetella ulkoa	[opetella ulkoa]
leren (bijv. ~ tellen)	opiskella	[opiskella]
in school zijn (schooljongen zijn)	käydä koulua	[kæydæ koulua]
naar school gaan	mennä kouluun	[mennæ koulu:n]
alfabet (het)	aakkoset	[a:kkoset]
vak (schoolvak)	oppiaine	[oppiajne]
klaslokaal (het)	luokka	[luokka]
les (de)	tunti	[tunti]
pauze (de)	välitunti	[ʋæli·tunti]
bel (de)	soitto	[sojtto]
schooltafel (de)	pulpetti	[pulpetti]
schoolbord (het)	liitutaulu	[li:tu·taulu]
cijfer (het)	arvosana	[arʋosana]
goed cijfer (het)	hyvä arvosana	[hyʋæ arʋosana]
slecht cijfer (het)	huono arvosana	[huono arʋosana]
een cijfer geven	merkitä arvosana	[merkitæ arʋosana]
fout (de)	virhe	[ʋirhe]
fouten maken	tehdä virheet	[tehdæ ʋirhe:t]
corrigeren (fouten ~)	korjata	[korjata]
spiekbriefje (het)	lunttilappu	[luntti·lappu]
huiswerk (het)	kotitehtävä	[koti·tehtæʋæ]
oefening (de)	harjoitus	[harjoitus]
aanwezig zijn (ww)	olla läsnä	[olla læsnæ]
absent zijn (ww)	olla poissa	[olla pojssa]
bestraffen (een stout kind ~)	rangaista	[raŋajsta]
bestraffing (de)	rangaistus	[raŋajstus]
gedrag (het)	käytös	[kæytøs]

cijferlijst (de)	oppilaan päiväkirja	[oppilɑ:n pæjʋæ·kirjɑ]
potlood (het)	lyijykynä	[lyjy·kynæ]
gom (de)	kumi	[kumi]
krijt (het)	liitu	[li:tu]
pennendoos (de)	kynäkotelo	[kynæ·kotelo]
boekentas (de)	salkku	[sɑlkku]
pen (de)	kynä	[kynæ]
schrift (de)	vihko	[ʋihko]
leerboek (het)	oppikirja	[oppi·kirjɑ]
passer (de)	harppi	[hɑrppi]
technisch tekenen (ww)	piirtää	[pi:rtæ:]
technische tekening (de)	piirustus	[pi:rustus]
gedicht (het)	runo	[runo]
van buiten (bw)	ulkoa	[ulkoɑ]
van buiten leren	opetella ulkoa	[opetellɑ ulkoɑ]
vakantie (de)	loma	[lomɑ]
met vakantie zijn	olla lomalla	[ollɑ lomɑllɑ]
toets (schriftelijke ~)	kirjallinen koe	[kirjɑllinen koe]
opstel (het)	ainekirjoitus	[ɑjne·kirjoitus]
dictee (het)	sanelu	[sɑnelu]
examen (het)	koe	[koe]
examen afleggen	tenttiä	[tenttiæ]
experiment (het)	koe	[koe]

95. Hogeschool. Universiteit

academie (de)	akatemia	[ɑkɑtemiɑ]
universiteit (de)	yliopisto	[yli·opisto]
faculteit (de)	tiedekunta	[tiede·kuntɑ]
student (de)	opiskelija	[opiskelijɑ]
studente (de)	opiskelija	[opiskelijɑ]
leraar (de)	opettaja	[opettɑjɑ]
collegezaal (de)	luentosali	[luento·sɑli]
afgestudeerde (de)	valmistunut	[ʋɑlmistunut]
diploma (het)	diplomi	[diplomi]
dissertatie (de)	väitöskirja	[ʋæjtøs·kirjɑ]
onderzoek (het)	tutkimus	[tutkimus]
laboratorium (het)	laboratorio	[lɑborɑtorio]
college (het)	luento	[luento]
medestudent (de)	kurssitoveri	[kurssi·toʋeri]
studiebeurs (de)	opintotuki	[opinto·tuki]
academische graad (de)	oppiarvo	[oppi·ɑrʋo]

96. Wetenschappen. Disciplines

wiskunde (de)	matematiikka	[matemati:kka]
algebra (de)	algebra	[algebra]
meetkunde (de)	geometria	[geometria]
astronomie (de)	tähtitiede	[tæhti·tiede]
biologie (de)	biologia	[biologia]
geografie (de)	maantiede	[ma:n·tiede]
geologie (de)	geologia	[geologia]
geschiedenis (de)	historia	[historia]
geneeskunde (de)	lääketiede	[læ:ke·tiede]
pedagogiek (de)	pedagogiikka	[pedagogi:kka]
rechten (mv.)	oikeustiede	[ojkeus·tiede]
fysica, natuurkunde (de)	fysiikka	[fysi:kka]
scheikunde (de)	kemia	[kemia]
filosofie (de)	filosofia	[filosofia]
psychologie (de)	psykologia	[psykologia]

97. Schrift. Spelling

grammatica (de)	kielioppi	[kieli·oppi]
vocabulaire (het)	sanasto	[sanasto]
fonetiek (de)	fonetiikka	[foneti:kka]
zelfstandig naamwoord (het)	substantiivi	[substanti:ʋi]
bijvoeglijk naamwoord (het)	adjektiivi	[adjekti:ʋi]
werkwoord (het)	verbi	[ʋerbi]
bijwoord (het)	adverbi	[adʋerbi]
voornaamwoord (het)	pronomini	[pronomini]
tussenwerpsel (het)	interjektio	[interjektio]
voorzetsel (het)	prepositio	[prepositio]
stam (de)	sanan vartalo	[sanan ʋartalo]
achtervoegsel (het)	pääte	[pæ:te]
voorvoegsel (het)	etuliite	[etuli:te]
lettergreep (de)	tavu	[taʋu]
achtervoegsel (het)	suffiksi, jälkiliite	[suffiksi], [jælkili:te]
nadruk (de)	paino	[pajno]
afkappingsteken (het)	heittomerkki	[hejtto·merkki]
punt (de)	piste	[piste]
komma (de/het)	pilkku	[pilkku]
puntkomma (de)	puolipiste	[puoli·piste]
dubbelpunt (de)	kaksoispiste	[kaksojs·piste]
beletselteken (het)	pisteryhmä	[piste·ryhmæ]
vraagteken (het)	kysymysmerkki	[kysymys·merkki]
uitroepteken (het)	huutomerkki	[hu:to·merkki]

aanhalingstekens (mv.)	lainausmerkit	[lajnaus·merkit]
tussen aanhalingstekens (bw)	lainausmerkeissä	[lajnaus·merkejssæ]
haakjes (mv.)	sulkumerkit	[sulku·merkit]
tussen haakjes (bw)	sulkumerkeissä	[sulku·merkejssæ]
streepje (het)	tavuviiva	[tavu·vi:va]
gedachtestreepje (het)	ajatusviiva	[ajatus·vi:va]
spatie (~ tussen twee woorden)	väli	[væli]
letter (de)	kirjain	[kirjain]
hoofdletter (de)	iso kirjain	[iso kirjain]
klinker (de)	vokaali	[voka:li]
medeklinker (de)	konsonantti	[konsonantti]
zin (de)	lause	[lause]
onderwerp (het)	subjekti	[subjekti]
gezegde (het)	predikaatti	[predika:tti]
regel (in een tekst)	rivi	[rivi]
op een nieuwe regel (bw)	uudella rivillä	[u:dela rivilla]
alinea (de)	kappale	[kappale]
woord (het)	sana	[sana]
woordgroep (de)	sanaliitto	[sana·li:tto]
uitdrukking (de)	sanonta	[sanonta]
synoniem (het)	synonyymi	[synony:mi]
antoniem (het)	antonyymi	[antony:mi]
regel (de)	sääntö	[sæ:ntø]
uitzondering (de)	poikkeus	[pojkkeus]
correct (bijv. ~e spelling)	oikea	[ojkea]
vervoeging, conjugatie (de)	verbien taivutus	[verbien tajuutus]
verbuiging, declinatie (de)	nominien taivutus	[nominien tajuutus]
naamval (de)	sija	[sija]
vraag (de)	kysymys	[kysymys]
onderstrepen (ww)	alleviivata	[allevi:vata]
stippellijn (de)	pisteviiva	[piste·vi:va]

98. Vreemde talen

taal (de)	kieli	[kieli]
vreemd (bn)	vieras	[vieras]
vreemde taal (de)	vieras kieli	[vieras kieli]
leren (bijv. van buiten ~)	opiskella	[opiskella]
studeren (Nederlands ~)	opetella	[opetella]
lezen (ww)	lukea	[lukea]
spreken (ww)	puhua	[puhua]
begrijpen (ww)	ymmärtää	[ymmærtæ:]
schrijven (ww)	kirjoittaa	[kirjoitta:]
snel (bw)	nopeasti	[nopeasti]

langzaam (bw)	hitaasti	[hitɑ:sti]
vloeiend (bw)	sujuvasti	[sujuʋɑsti]
regels (mv.)	säännöt	[sæ:nnøt]
grammatica (de)	kielioppi	[kieli·oppi]
vocabulaire (het)	sanasto	[sɑnɑsto]
fonetiek (de)	fonetiikka	[foneti:kkɑ]
leerboek (het)	oppikirja	[oppi·kirjɑ]
woordenboek (het)	sanakirja	[sɑnɑ·kirjɑ]
leerboek (het) voor zelfstudie	itseopiskeluopas	[itseopiskelu·opɑs]
taalgids (de)	fraasisanakirja	[frɑ:si·sɑnɑ·kirjɑ]
cassette (de)	kasetti	[kɑsetti]
videocassette (de)	videokasetti	[ʋideo·kɑsetti]
CD (de)	CD-levy	[sede·leʋy]
DVD (de)	DVD-levy	[deʋede·leʋy]
alfabet (het)	aakkoset	[ɑ:kkoset]
spellen (ww)	kirjoittaa	[kirjoittɑ:]
uitspraak (de)	artikulaatio	[ɑrtikulɑ:tio]
accent (het)	korostus	[korostus]
met een accent (bw)	vieraasti korostaen	[ʋierɑ:sti korostɑen]
zonder accent (bw)	ilman korostusta	[ilmɑn korostustɑ]
woord (het)	sana	[sɑnɑ]
betekenis (de)	merkitys	[merkitys]
cursus (de)	kurssi	[kurssi]
zich inschrijven (ww)	ilmoittautua	[ilmojttɑutuɑ]
leraar (de)	opettaja	[opettɑjɑ]
vertaling (een ~ maken)	kääntäminen	[kæ:ntæminen]
vertaling (tekst)	käännös	[kæ:nnøs]
vertaler (de)	kääntäjä	[kæ:ntæjæ]
tolk (de)	tulkki	[tulkki]
polyglot (de)	monikielinen	[moni·kielinen]
geheugen (het)	muisti	[mujsti]

Rusten. Entertainment. Reizen

99. Trip. Reizen

toerisme (het)	matkailu	[matkajlu]
toerist (de)	matkailija	[matkajlija]
reis (de)	matka	[matka]
avontuur (het)	seikkailu	[sejkkajlu]
tocht (de)	matka	[matka]
vakantie (de)	loma	[loma]
met vakantie zijn	olla lomalla	[olla lomalla]
rust (de)	lepo	[lepo]
trein (de)	juna	[juna]
met de trein	junalla	[junalla]
vliegtuig (het)	lentokone	[lento·kone]
met het vliegtuig	lentokoneella	[lentokone:lla]
met de auto	autolla	[autolla]
per schip (bw)	laivalla	[lajʋalla]
bagage (de)	matkatavara	[matka·taʋara]
valies (de)	matkalaukku	[matka·laukku]
bagagekarretje (het)	matkatavarakärryt	[matka·taʋarat·kærryt]
paspoort (het)	passi	[passi]
visum (het)	viisumi	[ʋi:sumi]
kaartje (het)	lippu	[lippu]
vliegticket (het)	lentolippu	[lento·lippu]
reisgids (de)	opaskirja	[opas·kirja]
kaart (de)	kartta	[kartta]
gebied (landelijk ~)	seutu	[seutu]
plaats (de)	paikka	[pajkka]
exotische bestemming (de)	eksoottisuus	[ekso:ttisu:s]
exotisch (bn)	eksoottinen	[ekso:ttinen]
verwonderlijk (bn)	ihmeellinen	[ihme:llinen]
groep (de)	ryhmä	[ryhmæ]
rondleiding (de)	ekskursio, retki	[ekskursio], [retki]
gids (de)	opas	[opas]

100. Hotel

hotel (het)	hotelli	[hotelli]
motel (het)	motelli	[motelli]
3-sterren	kolme tähteä	[kolme tæhteæ]

5-sterren	viisi tähteä	[ʋi:si tæhteæ]
overnachten (ww)	oleskella	[oleskella]
kamer (de)	huone	[huone]
eenpersoonskamer (de)	yhden hengen huone	[yhden heŋen huone]
tweepersoonskamer (de)	kahden hengen huone	[kahden heŋen huone]
een kamer reserveren	varata huone	[ʋarata huone]
halfpension (het)	puolihoito	[puoli·hojto]
volpension (het)	täysihoito	[tæysi·hojto]
met badkamer	jossa on kylpyamme	[jossa on kylpyamme]
met douche	on suihku	[on sujhku]
satelliet-tv (de)	satelliittitelevisio	[satelli:tti·teleʋisio]
airconditioner (de)	ilmastointilaite	[ilmastojnti·lajte]
handdoek (de)	pyyhe	[py:he]
sleutel (de)	avain	[aʋajn]
administrateur (de)	hallintovirkamies	[hallinto·ʋirka·mies]
kamermeisje (het)	huonesiivooja	[huone·si:ʋo:ja]
piccolo (de)	kantaja	[kantaja]
portier (de)	vahtimestari	[ʋahti·mestari]
restaurant (het)	ravintola	[raʋintola]
bar (de)	baari	[ba:ri]
ontbijt (het)	aamiainen	[a:miajnen]
avondeten (het)	illallinen	[illallinen]
buffet (het)	noutopöytä	[nouto·pøytæ]
hal (de)	eteishalli	[etejs·halli]
lift (de)	hissi	[hissi]
NIET STOREN	ÄLKÄÄ HÄIRITKÖ	[ælkæ: hæjritkø]
VERBODEN TE ROKEN!	TUPAKOINTI KIELLETTY	[tupakojnti kielletty]

TECHNISCHE APPARATUUR. VERVOER

Technische apparatuur

101. Computer

computer (de)	tietokone	[tieto·kone]
laptop (de)	kannettava tietokone	[kɑnnettɑʋɑ tietokone]
aanzetten (ww)	avata	[ɑʋɑtɑ]
uitzetten (ww)	sammuttaa	[sɑmmuttɑ:]
toetsenbord (het)	näppäimistö	[næppæjmistø]
toets (enter~)	näppäin	[næppæjn]
muis (de)	hiiri	[hi:ri]
muismat (de)	hiirimatto	[hi:ri·mɑtto]
knopje (het)	painike	[pɑjnike]
cursor (de)	kursori	[kursori]
monitor (de)	monitori	[monitori]
scherm (het)	näyttö	[næyttø]
harde schijf (de)	kiintolevy, kovalevy	[ki:nto·leʋy], [koʋɑ·leʋy]
volume (het) van de harde schijf	kiintolevyn kapasiteetti	[ki:ntoleʋyn kɑpɑsite:tti]
geheugen (het)	muisti	[mujsti]
RAM-geheugen (het)	keskusmuisti	[keskus·mujsti]
bestand (het)	tiedosto	[tædosto]
folder (de)	kansio	[kɑnsio]
openen (ww)	avata	[ɑʋɑtɑ]
sluiten (ww)	sulkea	[sulkeɑ]
opslaan (ww)	tallentaa	[tɑllentɑ:]
verwijderen (wissen)	poistaa	[pojstɑ:]
kopiëren (ww)	kopioida	[kopiojdɑ]
sorteren (ww)	lajitella	[lɑjıtellɑ]
overplaatsen (ww)	siirtää	[si:rtæ:]
programma (het)	ohjelma	[ohjelmɑ]
software (de)	ohjelmisto	[ohjelmisto]
programmeur (de)	ohjelmoija	[ohjelmojɑ]
programmeren (ww)	ohjelmoida	[ohjelmojdɑ]
hacker (computerkraker)	hakkeri	[hɑkkeri]
wachtwoord (het)	tunnussana	[tunnus·sɑnɑ]
virus (het)	virus	[ʋirus]
ontdekken (virus ~)	löytää	[løytæ:]

byte (de)	tavu	[tɑʋu]
megabyte (de)	megatavu	[megɑ·tɑʋu]
data (de)	tiedot	[tiedot]
databank (de)	tietokanta	[tieto·kɑntɑ]
kabel (USB-~, enz.)	kaapeli	[kɑ:peli]
afsluiten (ww)	kytkeä irti	[kytkeæ irti]
aansluiten op (ww)	yhdistää, liittää	[yhdistæ:], [li:ttæ:]

102. Internet. E-mail

internet (het)	internet, netti	[internet], [netti]
browser (de)	verkkoselain	[ʋerkko·selɑjn]
zoekmachine (de)	hakukone	[hɑku·kone]
internetprovider (de)	internet-palveluntarjoaja	[internet·pɑlʋelun·tɑrjoɑjɑ]
webmaster (de)	webmaster	[ʋeb·mɑster]
website (de)	nettisivusto	[netti·siʋusto]
webpagina (de)	nettisivu	[netti·siʋu]
adres (het)	email-osoite	[imejl·osojte]
adresboek (het)	osoitekirja	[osojte·kirjɑ]
postvak (het)	postilaatikko	[postilɑ:tikko]
post (de)	posti	[posti]
vol (~ postvak)	täysi	[tæysi]
bericht (het)	viesti	[ʋiesti]
binnenkomende berichten (mv.)	saapuneet viestit	[sɑ:pune:t ʋiestit]
uitgaande berichten (mv.)	lähetetyt viestit	[læɦetetyt ʋiestit]
verzender (de)	lähettäjä	[læɦettæjæ]
verzenden (ww)	lähettää	[læɦettæ:]
verzending (de)	lähettäminen	[læɦettæminen]
ontvanger (de)	saaja	[sɑ:jɑ]
ontvangen (ww)	saada	[sɑ:dɑ]
correspondentie (de)	kirjeenvaihto	[kirje:n·ʋɑjhto]
corresponderen (met …)	olla kirjeenvaihdossa	[ollɑ kirje:n·ʋɑjhdossɑ]
bestand (het)	tiedosto	[tædosto]
downloaden (ww)	tallentaa	[tɑllentɑ:]
creëren (ww)	luoda	[luodɑ]
verwijderen (een bestand ~)	poistaa	[pojstɑ:]
verwijderd (bn)	poistettu	[pojstettu]
verbinding (de)	yhteys	[yhteys]
snelheid (de)	nopeus	[nopeus]
modem (de)	modeemi	[mode:mi]
toegang (de)	pääsy	[pæ:sy]
poort (de)	portti	[portti]
aansluiting (de)	liittymä	[li:ttymæ]

zich aansluiten (ww)	liittyä	[li:ttyæ]
selecteren (ww)	valita	[ʋalita]
zoeken (ww)	etsiä	[etsiæ]

103. Elektriciteit

elektriciteit (de)	sähkö	[sæhkø]
elektrisch (bn)	sähkö-	[sæhkø]
elektriciteitscentrale (de)	voimala	[ʋojmala]
energie (de)	energia	[energia]
elektrisch vermogen (het)	sähköenergia	[sæhkø·energia]

lamp (de)	lamppu	[lamppu]
zaklamp (de)	taskulamppu	[tasku·lamppu]
straatlantaarn (de)	lyhty	[lyhty]

licht (elektriciteit)	valo	[ʋalo]
aandoen (ww)	sytyttää	[sytyttæ:]
uitdoen (ww)	katkaista	[katkajsta]
het licht uitdoen	sammuttaa valo	[sammutta: ʋalo]

doorbranden (gloeilamp)	olla palanut	[olla palanut]
kortsluiting (de)	oikosulku	[ojko·sulku]
onderbreking (de)	katkeama	[katkeama]
contact (het)	kontakti	[kontakti]

schakelaar (de)	katkaisin	[katkajsin]
stopcontact (het)	pistorasia	[pisto·rasia]
stekker (de)	pistoke	[pistoke]
verlengsnoer (de)	jatkojohto	[jatko·johto]

zekering (de)	suojalaite	[suoja·lajte]
kabel (de)	johto, johdin	[johto], [johdin]
bedrading (de)	johdotus	[johdotus]

ampère (de)	ampeeri	[ampe:ri]
stroomsterkte (de)	ampeeriluku	[ampe:ri·luku]
volt (de)	voltti	[ʋoltti]
spanning (de)	jännite	[jænnite]

elektrisch toestel (het)	sähkölaite	[sæhkø·lajte]
indicator (de)	indikaattori	[indika:ttori]

elektricien (de)	sähkömies	[sæhkømies]
solderen (ww)	juottaa	[juotta:]
soldeerbout (de)	juotin	[juotin]
stroom (de)	virta	[ʋirta]

104. Gereedschappen

werktuig (stuk gereedschap)	työkalu	[tyø·kalu]
gereedschap (het)	työkalut	[tyø·kalut]

uitrusting (de)	laitteet	[lajtte:t]
hamer (de)	vasara	[ʋasara]
schroevendraaier (de)	ruuvitaltta	[ru:ʋi·taltta]
bijl (de)	kirves	[kirʋes]
zaag (de)	saha	[saha]
zagen (ww)	sahata	[sahata]
schaaf (de)	höylä	[høylæ]
schaven (ww)	höylätä	[høylætæ]
soldeerbout (de)	juotin	[juotin]
solderen (ww)	juottaa	[juotta:]
vijl (de)	viila	[ʋi:la]
nijptang (de)	hohtimet	[hohtimet]
combinatietang (de)	laakapihdit	[la:ka·pihdit]
beitel (de)	taltta	[taltta]
boorkop (de)	pora	[pora]
boormachine (de)	porakone	[pora·kone]
boren (ww)	porata	[porata]
mes (het)	veitsi	[ʋejtsi]
zakmes (het)	taskuveitsi	[tasku·ʋejtsi]
lemmet (het)	terä	[teræ]
scherp (bijv. ~ mes)	terävä	[teræʋæ]
bot (bn)	tylsä	[tylsæ]
bot raken (ww)	tylsistyä	[tylsistyæ]
slijpen (een mes ~)	teroittaa	[terojtta:]
bout (de)	pultti	[pultti]
moer (de)	mutteri	[mutteri]
schroefdraad (de)	kierre	[kierre]
houtschroef (de)	ruuvi	[ru:ʋi]
spijker (de)	naula	[naula]
kop (de)	kanta	[kanta]
liniaal (de/het)	viivoitin	[ʋi:ʋojtin]
rolmeter (de)	mittanauha	[mitta·nauha]
waterpas (de/het)	vesivaaka	[ʋesi·ʋa:ka]
loep (de)	suurennuslasi	[su:rennus·lasi]
meetinstrument (het)	mittauslaite	[mittaus·lajte]
opmeten (ww)	mitata	[mitata]
schaal (meetschaal)	asteikko	[astejkko]
gegevens (mv.)	lukema	[lukema]
compressor (de)	kompressori	[kompressori]
microscoop (de)	mikroskooppi	[mikrosko:ppi]
pomp (de)	pumppu	[pumppu]
robot (de)	robotti	[robotti]
laser (de)	laser	[laser]
moersleutel (de)	kiintoavain	[ki:nto·aʋajn]
plakband (de)	teippi	[tejppi]

lijm (de)	**liima**	[liːma]
schuurpapier (het)	**hiomapaperi**	[hioma·paperi]
veer (de)	**jousi**	[jousi]
magneet (de)	**magneetti**	[maŋneːtti]
handschoenen (mv.)	**käsineet**	[kæsineːt]
touw (bijv. henneptouw)	**nuora**	[nuora]
snoer (het)	**nuora**	[nuora]
draad (de)	**johto, johdin**	[johto], [johdin]
kabel (de)	**kaapeli**	[kaːpeli]
moker (de)	**leka, moukari**	[leka], [moukari]
breekijzer (het)	**rautakanki**	[rauta·kaŋki]
ladder (de)	**tikapuut**	[tika·puːt]
trapje (inklapbaar ~)	**tikkaat**	[tikkaːt]
aanschroeven (ww)	**kiertää**	[kærtæː]
losschroeven (ww)	**kiertää auki**	[kiertæː auki]
dichtpersen (ww)	**kiristää**	[kiristæː]
vastlijmen (ww)	**liimata**	[liːmata]
snijden (ww)	**leikata**	[lejkata]
defect (het)	**vika**	[ʋika]
reparatie (de)	**korjaus**	[korjaus]
repareren (ww)	**korjata**	[korjata]
regelen (een machine ~)	**säädellä**	[sæːdellæ]
checken (ww)	**tarkastaa**	[tarkastaː]
controle (de)	**tarkastus**	[tarkastus]
gegevens (mv.)	**lukema**	[lukema]
degelijk (bijv. ~ machine)	**luotettava**	[luotettaʋa]
ingewikkeld (bn)	**monimutkainen**	[monimutkajnen]
roesten (ww)	**ruostua**	[ruostua]
roestig (bn)	**ruosteinen**	[ruostejnen]
roest (de/het)	**ruoste**	[ruoste]

Vervoer

105. Vliegtuig

vliegtuig (het)	lentokone	[lento·kone]
vliegticket (het)	lentolippu	[lento·lippu]
luchtvaartmaatschappij (de)	lentoyhtiö	[lento·yhtiø]
luchthaven (de)	lentoasema	[lento·asema]
supersonisch (bn)	yliääni-	[yliæ:ni-]
gezagvoerder (de)	lentokoneen päällikkö	[lento·kone:n pæ:llikkø]
bemanning (de)	miehistö	[mæhistø]
piloot (de)	lentäjä	[lentæjæ]
stewardess (de)	lentoemäntä	[lento·emæntæ]
stuurman (de)	perämies	[peræmies]
vleugels (mv.)	siivet	[si:ʋet]
staart (de)	pyrstö	[pyrstø]
cabine (de)	ohjaamo	[ohja:mo]
motor (de)	moottori	[mo:ttori]
landingsgestel (het)	laskuteline	[lasku·teline]
turbine (de)	turbiini	[turbi:ni]
propeller (de)	propelli	[propelli]
zwarte doos (de)	musta laatikko	[musta la:tikko]
stuur (het)	ohjaussauva	[ohjaus·sauʋa]
brandstof (de)	polttoaine	[poltto·ajne]
veiligheidskaart (de)	turvaohje	[turʋa·ohje]
zuurstofmasker (het)	happinaamari	[happina:mari]
uniform (het)	univormu	[uniʋormu]
reddingsvest (de)	pelastusliivi	[pelastus·li:ʋi]
parachute (de)	laskuvarjo	[lasku·ʋarjo]
opstijgen (het)	ilmaannousu	[ilma:n·nousu]
opstijgen (ww)	nousta ilmaan	[nousta ilma:n]
startbaan (de)	kiitorata	[ki:to·rata]
zicht (het)	näkyvyys	[nækyʋy:s]
vlucht (de)	lento	[lento]
hoogte (de)	korkeus	[korkeus]
luchtzak (de)	ilmakuoppa	[ilma·kuoppa]
plaats (de)	paikka	[pajkka]
koptelefoon (de)	kuulokkeet	[ku:lokke:t]
tafeltje (het)	tarjotin	[tarjotin]
venster (het)	ikkuna	[ikkuna]
gangpad (het)	käytävä	[kæytæʋæ]

106. Trein

trein (de)	juna	[juna]
elektrische trein (de)	sähköjuna	[sæhkø·juna]
sneltrein (de)	pikajuna	[pika·juna]
diesellocomotief (de)	moottoriveturi	[mo:ttori·ʋeturi]
stoomlocomotief (de)	höyryveturi	[høyry·ʋeturi]
rijtuig (het)	vaunu	[ʋaunu]
restauratierijtuig (het)	ravintolavaunu	[raʋintola·ʋaunu]
rails (mv.)	ratakiskot	[rata·kiskot]
spoorweg (de)	rautatie	[rauta·tie]
dwarsligger (de)	ratapölkky	[rata·pølkky]
perron (het)	asemalaituri	[asema·lajturi]
spoor (het)	raide	[rajde]
semafoor (de)	siipiopastin	[si:pi·opastin]
halte (bijv. kleine treinhalte)	asema	[asema]
machinist (de)	junankuljettaja	[yneŋ·kuljettaja]
kruier (de)	kantaja	[kantaja]
conducteur (de)	vaununhoitaja	[ʋaunun·hojtaja]
passagier (de)	matkustaja	[matkustaja]
controleur (de)	tarkastaja	[tarkastaja]
gang (in een trein)	käytävä	[kæytæʋæ]
noodrem (de)	hätäjarru	[hætæ·jarru]
coupé (de)	vaununosasto	[ʋaunun·osasto]
bed (slaapplaats)	vuode	[ʋuode]
bovenste bed (het)	ylävuode	[ylæ·ʋuode]
onderste bed (het)	alavuode	[ala·ʋuode]
beddengoed (het)	vuodevaatteet	[ʋuode·ʋa:tte:t]
kaartje (het)	lippu	[lippu]
dienstregeling (de)	aikataulu	[ajka·taulu]
informatiebord (het)	aikataulu	[ajka·taulu]
vertrekken (De trein vertrekt ...)	lähteä	[læhteæ]
vertrek (ov. een trein)	lähtö	[læhtø]
aankomen (ov. de treinen)	saapua	[sa:pua]
aankomst (de)	saapuminen	[sa:puminen]
aankomen per trein	tulla junalla	[tulla junalla]
in de trein stappen	nousta junaan	[nousta juna:n]
uit de trein stappen	nousta junasta	[nousta junasta]
treinwrak (het)	junaturma	[juna·turma]
ontspoord zijn	suistua raiteilta	[sujstua rajtejlta]
stoomlocomotief (de)	höyryveturi	[høyry·ʋeturi]
stoker (de)	lämmittäjä	[læmmittæjæ]
stookplaats (de)	tulipesä	[tulipesæ]
steenkool (de)	hiili	[hi:li]

107. Schip

schip (het)	laiva	[lajʋa]
vaartuig (het)	alus	[alus]
stoomboot (de)	höyrylaiva	[højry·lajʋa]
motorschip (het)	jokilaiva	[joki·lajʋa]
lijnschip (het)	risteilijä	[ristejlijæ]
kruiser (de)	risteilijä	[ristejlijæ]
jacht (het)	jahti	[jahti]
sleepboot (de)	hinausköysi	[hinaus·køysi]
duwbak (de)	proomu	[pro:mu]
ferryboot (de)	lautta	[lautta]
zeilboot (de)	purjealus	[purje·alus]
brigantijn (de)	brigantiini	[briganti:ni]
ijsbreker (de)	jäänmurtaja	[jæ:n·murtaja]
duikboot (de)	sukellusvene	[sukellus·ʋene]
boot (de)	jolla	[jolla]
sloep (de)	pelastusvene	[pelastus·ʋene]
reddingssloep (de)	pelastusvene	[pelastus·ʋene]
motorboot (de)	moottorivene	[mo:ttori·ʋene]
kapitein (de)	kapteeni	[kapte:ni]
zeeman (de)	matruusi	[matru:si]
matroos (de)	merimies	[merimies]
bemanning (de)	miehistö	[mæɦistø]
bootsman (de)	pursimies	[pursimies]
scheepsjongen (de)	laivapoika	[lajʋa·pojka]
kok (de)	kokki	[kokki]
scheepsarts (de)	laivalääkäri	[lajʋa·læ:kæri]
dek (het)	kansi	[kansi]
mast (de)	masto	[masto]
zeil (het)	purje	[purje]
ruim (het)	ruuma	[ru:ma]
voorsteven (de)	keula	[keula]
achtersteven (de)	perä	[peræ]
roeispaan (de)	airo	[ajro]
schroef (de)	potkuri	[potkuri]
kajuit (de)	hytti	[hytti]
officierskamer (de)	upseerimessi	[upse:ri·messi]
machinekamer (de)	konehuone	[kone·ɦuone]
brug (de)	komentosilta	[komento·silta]
radiokamer (de)	radiohuone	[radio·ɦuone]
radiogolf (de)	aalto	[a:lto]
logboek (het)	laivapäiväkirja	[lajʋa·pæjʋæ·kirja]
verrekijker (de)	kaukoputki	[kauko·putki]
klok (de)	kello	[kello]

vlag (de)	lippu	[lippu]
kabel (de)	köysi	[køysi]
knoop (de)	solmu	[solmu]

| leuning (de) | käsipuu | [kæsipu:] |
| trap (de) | laskusilta | [lasku·silta] |

anker (het)	ankkuri	[aŋkkuri]
het anker lichten	nostaa ankkuri	[nosta: aŋkkuri]
het anker neerlaten	heittää ankkuri	[hejttæ: aŋkkuri]
ankerketting (de)	ankkuriketju	[aŋkkuri·ketju]

haven (bijv. containerhaven)	satama	[satama]
kaai (de)	laituri	[lajturi]
aanleggen (ww)	kiinnittyä	[ki:nnittyæ]
wegvaren (ww)	lähteä	[læhteæ]

reis (de)	matka	[matka]
cruise (de)	laivamatka	[lajʋa·matka]
koers (de)	kurssi	[kurssi]
route (de)	reitti	[rejtti]

vaarwater (het)	väylä	[ʋæylæ]
zandbank (de)	matalikko	[matalikko]
stranden (ww)	ajautua matalikolle	[ajautua matalikolle]

storm (de)	myrsky	[myrsky]
signaal (het)	merkki	[merkki]
zinken (ov. een boot)	upota	[upota]
Man overboord!	Mies yli laidan!	[mies yli lajdan]
SOS (noodsignaal)	SOS	[sos]
reddingsboei (de)	pelastusrengas	[pelastus·reŋas]

108. Vliegveld

luchthaven (de)	lentoasema	[lento·asema]
vliegtuig (het)	lentokone	[lento·kone]
luchtvaartmaatschappij (de)	lentoyhtiö	[lento·yhtiø]
luchtverkeersleider (de)	lennonjohtaja	[lennon·johtaja]

vertrek (het)	lähtö	[læhtø]
aankomst (de)	saapuvat	[sa:puʋat]
aankomen (per vliegtuig)	lentää	[lentæ:]

| vertrektijd (de) | lähtöaika | [læhtø·ajka] |
| aankomstuur (het) | saapumisaika | [sa:pumis·ajka] |

| vertraagd zijn (ww) | myöhästyä | [myøhæstyæ] |
| vluchtvertraging (de) | lennon viivästyminen | [lennon ʋi:ʋæstyminen] |

informatiebord (het)	tiedotustaulu	[tiedotus·taulu]
informatie (de)	tiedotus	[tiedotus]
aankondigen (ww)	ilmoittaa	[ilmojtta:]
vlucht (bijv. KLM ~)	lento	[lento]

douane (de)	tulli	[tulli]
douanier (de)	tullimies	[tullimies]
douaneaangifte (de)	tullausilmoitus	[tullɑus·ilmojtus]
invullen (douaneaangifte ~)	täyttää	[tæyttæ:]
een douaneaangifte invullen	täyttää tullausilmoitus	[tæyttæ: tullɑus ilmojtus]
paspoortcontrole (de)	passintarkastus	[pɑssin·tɑrkɑstus]
bagage (de)	matkatavara	[mɑtkɑ·tɑʋɑrɑ]
handbagage (de)	käsimatkatavara	[kæsi·mɑtkɑ·tɑʋɑrɑ]
bagagekarretje (het)	matkatavarakärryt	[mɑtkɑ·tɑʋɑrɑt·kærryt]
landing (de)	lasku	[lɑsku]
landingsbaan (de)	laskurata	[lɑsku·rɑtɑ]
landen (ww)	laskeutua	[lɑskeutuɑ]
vliegtuigtrap (de)	laskuportaat	[lɑsku·portɑ:t]
inchecken (het)	lähtöselvitys	[læhtø·selʋitys]
incheckbalie (de)	rekisteröintitiski	[rekisterøinti·tiski]
inchecken (ww)	ilmoittautua	[ilmojttɑutuɑ]
instapkaart (de)	koneeseennousukortti	[kone:se:n·nousu·kortti]
gate (de)	lentokoneen pääsy	[lento·kone:n pæ:sy]
transit (de)	kauttakulku	[kɑuttɑ·kulku]
wachten (ww)	odottaa	[odottɑ:]
wachtzaal (de)	odotussali	[odotus·sɑli]
begeleiden (uitwuiven)	saattaa ulos	[sɑ:ttɑ: ulos]
afscheid nemen (ww)	hyvästellä	[hyʋæstellæ]

Gebeurtenissen in het leven

109. Vakanties. Evenement

feest (het)	juhla	[juhla]
nationale feestdag (de)	kansallisjuhla	[kansallis·juhla]
feestdag (de)	juhlapäivä	[juhla·pæjʋæ]
herdenken (ww)	juhlia	[juhlia]
gebeurtenis (de)	tapahtuma	[tapahtuma]
evenement (het)	tapahtuma	[tapahtuma]
banket (het)	banketti	[baŋketti]
receptie (de)	vastaanotto	[ʋastaːnotto]
feestmaal (het)	juhlat	[juhlat]
verjaardag (de)	vuosipäivä	[ʋuosi·pæjʋæ]
jubileum (het)	juhla, vuosipäivä	[juhla], [ʋuosi·pæjʋæ]
vieren (ww)	juhlia	[juhlia]
Nieuwjaar (het)	uusivuosi	[uːsi·ʋuosi]
Gelukkig Nieuwjaar!	Hyvää uutta vuotta!	[hyʋæː uːtta ʋuotta]
Sinterklaas (de)	Joulupukki	[joulu·pukki]
Kerstfeest (het)	Joulu	[joulu]
Vrolijk kerstfeest!	Hyvää joulua!	[hyʋæː joulua]
kerstboom (de)	joulukuusi	[joulu·kuːsi]
vuurwerk (het)	ilotulitus	[ilo·tulitus]
bruiloft (de)	häät	[hæːt]
bruidegom (de)	sulhanen	[sulhanen]
bruid (de)	morsian	[morsian]
uitnodigen (ww)	kutsua	[kutsua]
uitnodigingskaart (de)	kutsu, kutsukirje	[kutsu], [kutsu·kirje]
gast (de)	vieras	[ʋieras]
op bezoek gaan	käydä kylässä	[kæydæ kylæssæ]
gasten verwelkomen	tervehtiä vieraat	[terʋehtiæ ʋieraːt]
geschenk, cadeau (het)	lahja	[lahja]
geven (iets cadeau ~)	lahjoittaa	[lahjoittaː]
geschenken ontvangen	saada lahjat	[saːda lahjat]
boeket (het)	kukkakimppu	[kukka·kimppu]
felicitaties (mv.)	onnittelu	[onnittelu]
feliciteren (ww)	onnitella	[onnitella]
wenskaart (de)	onnittelukortti	[onnittelu·kortti]
een kaartje versturen	lähettää kortti	[læhettæː kortti]
een kaartje ontvangen	saada kortti	[saːda kortti]

toast (de)	maljapuhe	[malja·puhe]
aanbieden (een drankje ~)	kestitä	[kestitæ]
champagne (de)	samppanja	[samppanja]
plezier hebben (ww)	huvitella	[huvitella]
plezier (het)	ilo, hilpeys	[ilo], [hilpeys]
vreugde (de)	ilo	[ilo]
dans (de)	tanssi	[tanssi]
dansen (ww)	tanssia	[tanssia]
wals (de)	valssi	[valssi]
tango (de)	tango	[taŋo]

110. Begrafenissen. Begrafenis

kerkhof (het)	hautausmaa	[hautausma:]
graf (het)	hauta	[hauta]
kruis (het)	risti	[risti]
grafsteen (de)	hautamuistomerkki	[hautamujsto·merkki]
omheining (de)	aita	[ajta]
kapel (de)	kappeli	[kappeli]
dood (de)	kuolema	[kuolema]
sterven (ww)	kuolla	[kuolla]
overledene (de)	vainaja	[vajnaja]
rouw (de)	sureminen	[sureminen]
begraven (ww)	haudata	[haudata]
begrafenisonderneming (de)	hautaustoimisto	[hautaus·tojmisto]
begrafenis (de)	hautajaiset	[hautajaiset]
krans (de)	seppele	[seppele]
doodskist (de)	ruumisarkku	[ru:mis·arkku]
lijkwagen (de)	ruumisvaunut	[ru:mis·vaunut]
lijkkleed (de)	käärinliina	[kæ:rin·li:na]
begrafenisstoet (de)	hautajaissaatto	[hautajais·sa:tto]
urn (de)	uurna	[u:rna]
crematorium (het)	krematorio	[krematorio]
overlijdensbericht (het)	muistokirjoitus	[mujsto·kirjoitus]
huilen (wenen)	itkeä	[itkeæ]
snikken (huilen)	nyyhkyttää	[ny:hkyttæ:]

111. Oorlog. Soldaten

peloton (het)	joukkue	[joukkue]
compagnie (de)	komppania	[komppania]
regiment (het)	rykmentti	[rykmentti]
leger (armee)	armeija	[armeja]
divisie (de)	divisioona	[divisio:na]

sectie (de)	joukko	[joukko]
troep (de)	armeija	[armeja]
soldaat (militair)	sotilas	[sotilas]
officier (de)	upseeri	[upse:ri]
soldaat (rang)	sotamies	[sotamies]
sergeant (de)	kersantti	[kersantti]
luitenant (de)	luutnantti	[lu:tnantti]
kapitein (de)	kapteeni	[kapte:ni]
majoor (de)	majuri	[majuri]
kolonel (de)	eversti	[eʋersti]
generaal (de)	kenraali	[kenra:li]
matroos (de)	merimies	[merimies]
kapitein (de)	kapteeni	[kapte:ni]
bootsman (de)	pursimies	[pursimies]
artillerist (de)	tykkimies	[tykkimies]
valschermjager (de)	desantti	[desantti]
piloot (de)	lentäjä	[lentæjæ]
stuurman (de)	perämies	[peræmies]
mecanicien (de)	konemestari	[kone·mestari]
sappeur (de)	pioneeri	[pione:ri]
parachutist (de)	laskuvarjohyppääjä	[lasku·ʋarjohyppæ:jæ]
verkenner (de)	tiedustelija	[tiedustelija]
scherpschutter (de)	tarkka-ampuja	[tarkka·ampuja]
patrouille (de)	partio	[partio]
patrouilleren (ww)	partioida	[partiojda]
wacht (de)	vartiomies	[ʋartiomies]
krijger (de)	soturi	[soturi]
patriot (de)	patriootti	[patrio:tti]
held (de)	sankari	[saŋkari]
heldin (de)	sankaritar	[saŋkaritar]
verrader (de)	pettäjä, petturi	[pettæjæ], [petturi]
verraden (ww)	pettää	[pettæ:]
deserteur (de)	karkuri	[karkuri]
deserteren (ww)	karata	[karata]
huurling (de)	palkkasoturi	[palkka·soturi]
rekruut (de)	alokas	[alokas]
vrijwilliger (de)	vapaaehtoinen	[ʋapa:ehtojnen]
gedode (de)	kaatunut	[ka:tunut]
gewonde (de)	haavoittunut	[ha:ʋojttunut]
krijgsgevangene (de)	sotavanki	[sota·ʋaŋki]

112. Oorlog. Militaire acties. Deel 1

oorlog (de)	sota	[sota]
oorlog voeren (ww)	sotia	[sotia]

burgeroorlog (de)	kansalaissota	[kansalajs·sota]
achterbaks (bw)	petollisesti	[petollisesti]
oorlogsverklaring (de)	sodanjulistus	[sodan·julistus]
verklaren (de oorlog ~)	julistaa	[julista:]
agressie (de)	aggressio	[aggressio]
aanvallen (binnenvallen)	hyökätä	[hyøkætæ]
binnenvallen (ww)	hyökätä	[hyøkætæ]
invaller (de)	hyökkääjä	[hyøkkæ:jæ]
veroveraar (de)	valloittaja	[ʋallojttaja]
verdediging (de)	puolustus	[puolustus]
verdedigen (je land ~)	puolustaa	[puolusta:]
zich verdedigen (ww)	puolustautua	[puolustautua]
vijand (de)	vihollinen	[ʋiɦollinen]
tegenstander (de)	vastustaja	[ʋastustaja]
vijandelijk (bn)	vihollisen	[ʋiɦollisen]
strategie (de)	strategia	[strategia]
tactiek (de)	taktiikka	[takti:kka]
order (de)	käsky	[kæsky]
bevel (het)	komento	[komento]
bevelen (ww)	käskeä	[kæskeæ]
opdracht (de)	tehtävä	[tehtæʋæ]
geheim (bn)	salainen	[salajnen]
strijd, slag (de)	taistelu	[taistelu]
slag (de)	kamppailu	[kamppajlu]
strijd (de)	taistelu	[taistelu]
aanval (de)	hyökkäys	[hyøkkæys]
bestorming (de)	rynnäkkö	[rynnækkø]
bestormen (ww)	rynnätä	[rynnætæ]
bezetting (de)	piiritys	[pi:ritys]
aanval (de)	hyökkäys	[hyøkkæys]
in het offensief te gaan	hyökätä	[hyøkætæ]
terugtrekking (de)	vetäytyminen	[ʋetæytyminen]
zich terugtrekken (ww)	vetäytyä	[ʋetæytyæ]
omsingeling (de)	motti	[motti]
omsingelen (ww)	motittaa	[motitta:]
bombardement (het)	pommitus	[pommitus]
een bom gooien	heittää pommi	[hejttæ: pommi]
bombarderen (ww)	pommittaa	[pommitta:]
ontploffing (de)	räjähdys	[ræjæhdys]
schot (het)	laukaus	[laukaus]
een schot lossen	laukaista	[laukajsta]
schieten (het)	ammunta	[ammunta]
mikken op (ww)	tähdätä	[tæhdætæ]
aanleggen (een wapen ~)	suunnata	[su:nnata]

treffen (doelwit ~)	osua	[osua]
zinken (tot zinken brengen)	upottaa	[upotta:]
kogelgat (het)	aukko	[aukko]
zinken (gezonken zijn)	upota	[upota]
front (het)	rintama	[rintama]
evacuatie (de)	evakuointi	[evakuojnti]
evacueren (ww)	evakuoida	[evakuojda]
loopgraaf (de)	taisteluhauta	[tajstelu·hauta]
prikkeldraad (de)	piikkilanka	[pi:kki·laŋka]
verdedigingsobstakel (het)	este	[este]
wachttoren (de)	torni	[torni]
hospitaal (het)	sotilassairaala	[sotilas·sajra:la]
verwonden (ww)	haavoittaa	[ha:vojtta:]
wond (de)	haava	[ha:va]
gewonde (de)	haavoittunut	[ha:vojttunut]
gewond raken (ww)	haavoittua	[ha:vojttua]
ernstig (~e wond)	vakava	[vakava]

113. Oorlog. Militaire acties. Deel 2

krijgsgevangenschap (de)	sotavankeus	[sotavaŋkeus]
krijgsgevangen nemen	ottaa vangiksi	[otta: vaŋiksi]
krijgsgevangene zijn	olla sotavankeudessa	[olla sotavaŋkeudessa]
krijgsgevangen genomen worden	joutua sotavankeuteen	[joutua sotavaŋkeute:n]
concentratiekamp (het)	keskitysleiri	[keskitys·lejri]
krijgsgevangene (de)	sotavanki	[sota·vaŋki]
vluchten (ww)	karata	[karata]
verraden (ww)	pettää	[pettæ:]
verrader (de)	pettäjä, petturi	[pettæjæ], [petturi]
verraad (het)	petos	[petos]
fusilleren (executeren)	teloittaa ampumalla	[telojtta: ampumalla]
executie (de)	ampuminen	[ampuminen]
uitrusting (de)	varustus	[varustus]
schouderstuk (het)	epoletti	[epoletti]
gasmasker (het)	kaasunaamari	[ka:su·na:mari]
portofoon (de)	kenttäradio	[kenttæ·radio]
geheime code (de)	salakirjoitus	[sala·kirjoitus]
samenzwering (de)	salaileminen	[salajleminen]
wachtwoord (het)	tunnussana	[tunnus·sana]
mijn (landmijn)	miina	[mi:na]
ondermijnen (legden mijnen)	miinoittaa	[mi:nojtta:]
mijnenveld (het)	miinakenttä	[mi:na·kenttæ]
luchtalarm (het)	ilmahälytys	[ilma·hælytys]
alarm (het)	hälytys	[hælytys]

signaal (het)	signaali	[signɑːli]
vuurpijl (de)	signaaliohjus	[signɑːli·ohjus]
staf (generale ~)	esikunta	[esikuntɑ]
verkenning (de)	tiedustelu	[tiedustelu]
toestand (de)	tilanne	[tilɑnne]
rapport (het)	raportti	[rɑportti]
hinderlaag (de)	väijytys	[væjytys]
versterking (de)	vahvistus	[vɑhʋistus]
doel (bewegend ~)	maali	[mɑːli]
proefterrein (het)	ampuma-ala	[ɑmpumɑ·ɑlɑ]
manoeuvres (mv.)	sotaharjoitus	[sotɑ·hɑrjoitus]
paniek (de)	paniikki	[pɑniːkki]
verwoesting (de)	hävitys	[hæʋitys]
verwoestingen (mv.)	hävitykset	[hæʋitykset]
verwoesten (ww)	hävittää	[hæʋittæː]
overleven (ww)	jäädä eloon	[jæːdæ eloːn]
ontwapenen (ww)	riisua aseista	[riːsuɑ ɑsejstɑ]
behandelen (een pistool ~)	käyttää	[kæyttæː]
Geeft acht!	Asento!	[ɑsento]
Op de plaats rust!	Lepo!	[lepo]
heldendaad (de)	urotyö	[urotyø]
eed (de)	vala	[ʋɑlɑ]
zweren (een eed doen)	vannoa	[ʋɑnnoɑ]
decoratie (de)	palkinto	[pɑlkinto]
onderscheiden	palkita	[pɑlkitɑ]
(een ereteken geven)		
medaille (de)	mitali	[mitɑli]
orde (de)	kunniamerkki	[kunniɑ·merkki]
overwinning (de)	voitto	[ʋojtto]
verlies (het)	tappio	[tɑppio]
wapenstilstand (de)	välirauha	[ʋæli·rɑuhɑ]
wimpel (vaandel)	standaari	[stɑndɑːri]
roem (de)	kunnia	[kunniɑ]
parade (de)	paraati	[pɑrɑːti]
marcheren (ww)	marssia	[mɑrssiɑ]

114. Wapens

wapens (mv.)	ase	[ɑse]
vuurwapens (mv.)	ampuma-ase	[ɑmpumɑ·ɑse]
koude wapens (mv.)	teräase	[teræɑse]
chemische wapens (mv.)	kemiallinen ase	[kemiɑllinen ɑse]
kern-, nucleair (bn)	ydin-	[ydin]
kernwapens (mv.)	ydinase	[ydin·ɑse]

bom (de)	pommi	[pommi]
atoombom (de)	ydinpommi	[ydin·pommi]
pistool (het)	pistooli	[pisto:li]
geweer (het)	kivääri	[kiuæ:ri]
machinepistool (het)	konepistooli	[kone·pisto:li]
machinegeweer (het)	konekivääri	[kone·kiuæ:ri]
loop (schietbuis)	suu	[su:]
loop (bijv. geweer met kortere ~)	piippu	[pi:ppu]
kaliber (het)	kaliiperi	[kali:peri]
trekker (de)	liipaisin	[li:pajsin]
korrel (de)	tähtäin	[tæhtæjn]
magazijn (het)	lipas	[lipas]
geweerkolf (de)	perä	[peræ]
granaat (handgranaat)	käsikranaatti	[kæsi·krana:tti]
explosieven (mv.)	räjähdysaine	[ræjæhdys·ajne]
kogel (de)	luoti	[luoti]
patroon (de)	patruuna	[patru:na]
lading (de)	panos	[panos]
ammunitie (de)	ampumatarvikkeet	[ampuma·taruikke:t]
bommenwerper (de)	pommikone	[pommi·kone]
straaljager (de)	hävittäjä	[hæuittæjæ]
helikopter (de)	helikopteri	[helikopteri]
afweergeschut (het)	ilmatorjuntatykki	[ilmatorjunta·tykki]
tank (de)	panssarivaunu	[panssari·uaunu]
kanon (tank met een ~ van 76 mm)	tykki	[tykki]
artillerie (de)	tykistö	[tykistø]
kanon (het)	tykki	[tykki]
aanleggen (een wapen ~)	suunnata	[su:nnata]
projectiel (het)	ammus	[ammus]
mortiergranaat (de)	kranaatti	[krana:tti]
mortier (de)	kranaatinheitin	[krana:tin·hejtin]
granaatscherf (de)	sirpale	[sirpale]
duikboot (de)	sukellusvene	[sukellus·uene]
torpedo (de)	torpedo	[torpedo]
raket (de)	raketti	[raketti]
laden (geweer, kanon)	ladata	[ladata]
schieten (ww)	ampua	[ampua]
richten op (mikken)	tähdätä	[tæhdætæ]
bajonet (de)	pistin	[pistin]
degen (de)	pistomiekka	[pisto·miekka]
sabel (de)	sapeli	[sapeli]
speer (de)	keihäs	[kejhæs]

boog (de)	jousi	[jousi]
pijl (de)	nuoli	[nuoli]
musket (de)	musketti	[musketti]
kruisboog (de)	jalkajousi	[jalka·jousi]

115. Oude mensen

primitief (bn)	alkukantainen	[alkukantajnen]
voorhistorisch (bn)	esihistoriallinen	[esihistoriallinen]
eeuwenoude (~ beschaving)	muinainen	[mujnajnen]

Steentijd (de)	kivikausi	[kiui·kausi]
Bronstijd (de)	pronssikausi	[pronssi·kausi]
IJstijd (de)	jääkausi	[jæ:kausi]

stam (de)	heimo	[hejmo]
menseneter (de)	ihmissyöjä	[ihmis·syøjæ]
jager (de)	metsästäjä	[metsæstæjæ]
jagen (ww)	metsästää	[metsæstæ:]
mammoet (de)	mammutti	[mammutti]

| grot (de) | luola | [luola] |
| vuur (het) | tuli | [tuli] |

| kampvuur (het) | nuotio | [nuotio] |
| rotstekening (de) | kalliomaalaus | [kallio·ma:laus] |

werkinstrument (het)	työväline	[tyø·uæline]
speer (de)	keihäs	[kejhæs]
stenen bijl (de)	kivikirves	[kiui·kirues]

| oorlog voeren (ww) | sotia | [sotia] |
| temmen (bijv. wolf ~) | kesyttää | [kesyttæ:] |

| idool (het) | epäjumala | [epæ·jumala] |
| aanbidden (ww) | palvoa | [paluoa] |

| bijgeloof (het) | taikausko | [tajka·usko] |
| ritueel (het) | riitti | [ri:tti] |

| evolutie (de) | evoluutio | [euolu:tio] |
| ontwikkeling (de) | kehitys | [kehitys] |

| verdwijning (de) | katoaminen | [katoaminen] |
| zich aanpassen (ww) | sopeutua | [sopeutua] |

archeologie (de)	arkeologia	[arkeologia]
archeoloog (de)	arkeologi	[arkeologi]
archeologisch (bn)	muinaistieteellinen	[mujnajs·tiete:llinen]

opgravingsplaats (de)	kaivauskohde	[kajuaus·kohde]
opgravingen (mv.)	kaivaus	[kajuaus]
vondst (de)	löytö	[løytø]
fragment (het)	katkelma	[katkelma]

116. Middeleeuwen

volk (het)	kansa	[kansa]
volkeren (mv.)	kansat	[kansat]
stam (de)	heimo	[hejmo]
stammen (mv.)	heimot	[hejmot]
barbaren (mv.)	barbaarit	[barbɑ:rit]
Galliërs (mv.)	gallialaiset	[gallialajset]
Goten (mv.)	gootit	[go:tit]
Slaven (mv.)	slaavit	[slɑ:ʋit]
Vikings (mv.)	viikingit	[ʋi:kiŋit]
Romeinen (mv.)	roomalaiset	[ro:malajset]
Romeins (bn)	roomalainen	[ro:malajnen]
Byzantijnen (mv.)	bysanttilaiset	[bysanttilajset]
Byzantium (het)	Bysantti	[bysantti]
Byzantijns (bn)	bysanttilainen	[bysanttilajnen]
keizer (bijv. Romeinse ~)	keisari	[kejsari]
opperhoofd (het)	päällikkö	[pæ:llikkø]
machtig (bn)	voimakas	[ʋojmakas]
koning (de)	kuningas	[kuniŋas]
heerser (de)	hallitsija	[hallitsija]
ridder (de)	ritari	[ritari]
feodaal (de)	feodaaliherra	[feodɑ:li·herra]
feodaal (bn)	feodaali-	[feodɑ:li]
vazal (de)	vasalli	[ʋasalli]
hertog (de)	herttua	[herttua]
graaf (de)	jaarli	[jɑ:rli]
baron (de)	paroni	[paroni]
bisschop (de)	piispa	[pi:spa]
harnas (het)	haarniska	[hɑ:rniska]
schild (het)	kilpi	[kilpi]
zwaard (het)	miekka	[miekka]
vizier (het)	visiiri	[ʋisi:ri]
maliënkolder (de)	silmukkapanssari	[silmukka·panssari]
kruistocht (de)	ristiretki	[risti·retki]
kruisvaarder (de)	ristiretkeläinen	[ristiretke·læjnen]
gebied (bijv. bezette ~en)	alue	[alue]
aanvallen (binnenvallen)	hyökätä	[hyøkætæ]
veroveren (ww)	valloittaa	[ʋallojtta:]
innemen (binnenvallen)	miehittää	[miehittæ:]
bezetting (de)	piiritys	[pi:ritys]
belegerd (bn)	piiritetty	[pi:ritetty]
belegeren (ww)	piirittää	[pi:rittæ:]
inquisitie (de)	inkvisitio	[iŋkʋisitio]
inquisiteur (de)	inkvisiittori	[iŋkʋisi:ttori]

foltering (de)	kidutus	[kidutus]
wreed (bn)	julma	[julma]
ketter (de)	harhaoppinen	[harhaoppinen]
ketterij (de)	harhaoppi	[harha·oppi]
zeevaart (de)	merenkulku	[mereŋ·kulku]
piraat (de)	merirosvo	[meri·rosʋo]
piraterij (de)	merirosvous	[meri·rosʋous]
enteren (het)	entraus	[entraus]
buit (de)	saalis	[saːlis]
schatten (mv.)	aarteet	[aːrteːt]
ontdekking (de)	löytö	[løytø]
ontdekken (bijv. nieuw land)	avata	[aʋata]
expeditie (de)	retki	[retki]
musketier (de)	muskettisoturi	[musketti·soturi]
kardinaal (de)	kardinaali	[kardinaːli]
heraldiek (de)	heraldiikka	[heraldiːkka]
heraldisch (bn)	heraldinen	[heraldinen]

117. Leider. Baas. Autoriteiten

koning (de)	kuningas	[kuniŋas]
koningin (de)	kuningatar	[kuniŋatar]
koninklijk (bn)	kuningas-	[kuniŋas]
koninkrijk (het)	kuningaskunta	[kuniŋas·kunta]
prins (de)	prinssi	[prinssi]
prinses (de)	prinsessa	[prinsessa]
president (de)	presidentti	[presidentti]
vicepresident (de)	varapresidentti	[ʋara·presidentti]
senator (de)	senaattori	[senaːttori]
monarch (de)	monarkki	[monarkki]
heerser (de)	hallitsija	[hallitsija]
dictator (de)	diktaattori	[diktaːttori]
tiran (de)	tyranni	[tyranni]
magnaat (de)	magnaatti	[magnaːtti]
directeur (de)	johtaja	[johtaja]
chef (de)	esimies	[esimies]
beheerder (de)	johtaja	[johtaja]
baas (de)	pomo	[pomo]
eigenaar (de)	omistaja	[omistaja]
leider (de)	johtaja	[johtaja]
hoofd (bijv. ~ van de delegatie)	johtaja	[johtaja]
autoriteiten (mv.)	viranomaiset	[ʋiranomajset]
superieuren (mv.)	esimiehet	[esimiehet]
gouverneur (de)	kuvernööri	[kuʋernøːri]
consul (de)	konsuli	[konsuli]

diplomaat (de)	diplomaatti	[diploma:tti]
burgemeester (de)	kaupunginjohtaja	[kaupuŋin·johtaja]
sheriff (de)	seriffi	[seriffi]
keizer (bijv. Romeinse ~)	keisari	[kejsari]
tsaar (de)	tsaari	[tsa:ri]
farao (de)	farao	[farao]
kan (de)	kaani	[ka:ni]

118. De wet overtreden. Criminelen. Deel 1

bandiet (de)	rosvo	[rosʋo]
misdaad (de)	rikos	[rikos]
misdadiger (de)	rikollinen	[rikollinen]
dief (de)	varas	[ʋaras]
stelen (ww)	varastaa	[ʋarasta:]
stelen, diefstal (de)	varkaus	[ʋarkaus]
diefstal (de)	varkaus	[ʋarkaus]
kidnappen (ww)	kidnapata	[kidnapata]
kidnapping (de)	ihmisryöstö	[ihmis·ryøstø]
kidnapper (de)	ihmisryöstäjä	[ihmis·ryøstæjæ]
losgeld (het)	lunnaat	[lunna:t]
eisen losgeld (ww)	vaatia lunnaat	[ʋa:tia lunna:t]
overvallen (ww)	ryöstää	[ryøstæ:]
overval (de)	ryöstö	[ryøstø]
overvaller (de)	ryöstäjä	[ryøstæjæ]
afpersen (ww)	kiristää	[kiristæ:]
afperser (de)	kiristäjä	[kiristæjæ]
afpersing (de)	kiristys	[kiristys]
vermoorden (ww)	murhata	[murhata]
moord (de)	murha	[murha]
moordenaar (de)	murhaaja	[murha:ja]
schot (het)	laukaus	[laukaus]
een schot lossen	laukaista	[laukajsta]
neerschieten (ww)	ampua alas	[ampua alas]
schieten (ww)	ampua	[ampua]
schieten (het)	ammunta	[ammunta]
ongeluk (gevecht, enz.)	tapahtuma	[tapahtuma]
gevecht (het)	tappelu	[tappelu]
slachtoffer (het)	uhri	[uhri]
beschadigen (ww)	vaurioittaa	[ʋauriojtta:]
schade (de)	vahinko	[ʋahiŋko]
lijk (het)	ruumis	[ru:mis]
zwaar (~ misdrijf)	törkeä	[tørkeæ]
aanvallen (ww)	hyökätä	[hyøkætæ]

slaan (iemand ~)	lyödä	[lyødæ]
in elkaar slaan (toetakelen)	hakata	[hakata]
ontnemen (beroven)	rosvota	[rosʋota]
steken (met een mes)	puukottaa	[puːkottaː]
verminken (ww)	vammauttaa	[ʋammauttaː]
verwonden (ww)	haavoittaa	[haːʋojttaː]

chantage (de)	kiristys	[kiristys]
chanteren (ww)	kiristää	[kiristæː]
chanteur (de)	kiristäjä	[kiristæjæ]

afpersing (de)	suojelurahan kiristys	[suojelurahan kiristys]
afperser (de)	kiristäjä	[kiristæjæ]
gangster (de)	gangsteri	[gaŋsteri]
maffia (de)	mafia	[mafia]

kruimeldief (de)	taskuvaras	[taskuˑʋaras]
inbreker (de)	murtovaras	[murtoˑʋaras]
smokkelen (het)	salakuljetus	[salaˑkuljetus]
smokkelaar (de)	salakuljettaja	[salaˑkuljettaja]

namaak (de)	väärennös	[ʋæːrennøs]
namaken (ww)	väärentää	[ʋæːrentæː]
namaak-, vals (bn)	väärennetty	[ʋæːrennetty]

119. De wet overtreden. Criminelen. Deel 2

verkrachting (de)	raiskaus	[rajskaus]
verkrachten (ww)	raiskata	[rajskata]
verkrachter (de)	raiskaaja	[rajskaːja]
maniak (de)	maanikko	[maːnikko]

prostituee (de)	prostituoitu	[prostituojtu]
prostitutie (de)	prostituutio	[prostituːtio]
pooier (de)	sutenööri	[sutenøːri]

drugsverslaafde (de)	narkomaani	[narkomaːni]
drugshandelaar (de)	huumekauppias	[huːmeˑkauppias]

opblazen (ww)	räjäyttää	[ræjæyttæː]
explosie (de)	räjähdys	[ræjæhdys]
in brand steken (ww)	sytyttää	[sytyttæː]
brandstichter (de)	tuhopolttaja	[tuhoˑpolttaja]

terrorisme (het)	terrorismi	[terrorismi]
terrorist (de)	terroristi	[terroristi]
gijzelaar (de)	panttivanki	[panttiˑʋaŋki]

bedriegen (ww)	pettää	[pettæː]
bedrog (het)	petos	[petos]
oplichter (de)	huijari	[huijari]

omkopen (ww)	lahjoa	[lahjoa]
omkoperij (de)	lahjonta	[lahjonta]

smeergeld (het)	**lahjus**	[lahjus]
vergif (het)	**myrkky**	[myrkky]
vergiftigen (ww)	**myrkyttää**	[myrkyttæ:]
vergif innemen (ww)	**myrkyttää itsensä**	[myrkyttæ: itsensa]
zelfmoord (de)	**itsemurha**	[itse·murha]
zelfmoordenaar (de)	**itsemurhaaja**	[itse·murha:ja]
bedreigen (bijv. met een pistool)	**uhata**	[uɦata]
bedreiging (de)	**uhkaus**	[uhkaus]
een aanslag plegen	**tehdä murhayritys**	[tehdæ murhayritys]
aanslag (de)	**murhayritys**	[murha·yritys]
stelen (een auto)	**viedä**	[ʋiedæ]
kapen (een vliegtuig)	**kaapata**	[ka:pata]
wraak (de)	**kosto**	[kosto]
wreken (ww)	**kostaa**	[kosta:]
martelen (gevangenen)	**kiduttaa**	[kidutta:]
foltering (de)	**kidutus**	[kidutus]
folteren (ww)	**piinata**	[pi:nata]
piraat (de)	**merirosvo**	[meri·rosʋo]
straatschender (de)	**huligaani**	[huliga:ni]
gewapend (bn)	**aseellinen**	[ase:llinen]
geweld (het)	**väkivalta**	[ʋækiʋalta]
onwettig (strafbaar)	**laiton**	[lajton]
spionage (de)	**vakoilu**	[ʋakojlu]
spioneren (ww)	**vakoilla**	[ʋakojlla]

120. Politie. Wet. Deel 1

justitie (de)	**oikeus**	[ojkeus]
gerechtshof (het)	**tuomioistuin**	[tuomiojstuin]
rechter (de)	**tuomari**	[tuomari]
jury (de)	**valamiehistö**	[ʋalamie·histø]
juryrechtspraak (de)	**valamiesoikeus**	[ʋalamies·ojkeus]
berechten (ww)	**tuomita**	[tuomita]
advocaat (de)	**asianajaja**	[asianajaja]
beklaagde (de)	**syytetty**	[sy:tetty]
beklaagdenbank (de)	**syytettyjen penkki**	[sy:tettyjen peŋkki]
beschuldiging (de)	**syyte**	[sy:te]
beschuldigde (de)	**syytetty**	[sy:tetty]
vonnis (het)	**tuomio**	[tuomio]
veroordelen (in een rechtszaak)	**tuomita**	[tuomita]
schuldige (de)	**syypää**	[sy:pæ:]

straffen (ww)	rangaista	[rɑŋɑjstɑ]
bestraffing (de)	rangaistus	[rɑŋɑjstus]

boete (de)	sakko	[sɑkko]
levenslange opsluiting (de)	elinkautinen vankeustuomio	[eliŋkautinen ʋɑŋkeus·tuomio]
doodstraf (de)	kuolemanrangaistus	[kuoleman·rɑŋɑjstus]
elektrische stoel (de)	sähkötuoli	[sæhkø·tuoli]
schavot (het)	hirsipuu	[hirsipu:]

executeren (ww)	teloittaa	[telojtta:]
executie (de)	teloitus	[telojtus]

gevangenis (de)	vankila	[ʋɑŋkila]
cel (de)	selli	[selli]

konvooi (het)	saattovartio	[sɑ:tto·ʋartio]
gevangenisbewaker (de)	vanginvartija	[ʋɑŋin·ʋartija]
gedetineerde (de)	vanki	[ʋɑŋki]

handboeien (mv.)	käsiraudat	[kæsi·raudat]
handboeien omdoen	panna käsirautoihin	[panna kæsi·rautojhin]

ontsnapping (de)	karkaus	[karkaus]
ontsnappen (ww)	karata	[karata]
verdwijnen (ww)	kadota	[kadota]
vrijlaten (uit de gevangenis)	vapauttaa	[ʋapautta:]
amnestie (de)	armahdus	[armahdus]

politie (de)	poliisi	[poli:si]
politieagent (de)	poliisi	[poli:si]
politiebureau (het)	poliisiasema	[poli:si·asema]
knuppel (de)	kumipamppu	[kumi·pamppu]
megafoon (de)	megafoni	[megafoni]

patrouilleerwagen (de)	vartioauto	[ʋartio·auto]
sirene (de)	sireeni	[sire:ni]
de sirene aansteken	käynnistää sireeni	[kæynnistæ: sire:ni]
geloei (het) van de sirene	sireenin ulvonta	[sire:nin ulʋonta]

plaats delict (de)	tapahtumapaikka	[tapahtuma·pajkka]
getuige (de)	todistaja	[todistaja]
vrijheid (de)	vapaus	[ʋapaus]
handlanger (de)	rikoskumppani	[rikos·kumppani]
ontvluchten (ww)	paeta	[paeta]
spoor (het)	jälki	[jælki]

121. Politie. Wet. Deel 2

opsporing (de)	etsintä	[etsintæ]
opsporen (ww)	etsiä	[etsiæ]
verdenking (de)	epäily	[epæjly]
verdacht (bn)	epäilyttävä	[epæjlyttæʋæ]
aanhouden (stoppen)	pysäyttää	[pysæyttæ:]

tegenhouden (ww)	pidättää	[pidættæ:]
strafzaak (de)	asia	[asia]
onderzoek (het)	tutkinta	[tutkinta]
detective (de)	etsivä	[etsivæ]
onderzoeksrechter (de)	rikostutkija	[rikos·tutkija]
versie (de)	hypoteesi	[hypote:si]
motief (het)	motiivi	[moti:vi]
verhoor (het)	kuulustelu	[ku:lustelu]
ondervragen (door de politie)	kuulustella	[ku:lustella]
ondervragen (omstanders ~)	kuulustella	[ku:lustella]
controle (de)	tarkastus	[tarkastus]
razzia (de)	ratsia	[ratsia]
huiszoeking (de)	etsintä	[etsintæ]
achtervolging (de)	takaa-ajo	[taka:ajo]
achtervolgen (ww)	ajaa takaa	[aja: taka:]
opsporen (ww)	jäljittää	[jæljittæ:]
arrest (het)	vangitseminen	[vaŋitseminen]
arresteren (ww)	vangita	[vaŋita]
vangen, aanhouden (een dief, enz.)	ottaa kiinni	[otta: ki:nni]
aanhouding (de)	vangitseminen	[vaŋitseminen]
document (het)	asiakirja	[asia·kirja]
bewijs (het)	todiste	[todiste]
bewijzen (ww)	todistaa	[todista:]
voetspoor (het)	jalanjälki	[jalan·jælki]
vingerafdrukken (mv.)	sormenjäljet	[sormen·jæljet]
bewijs (het)	todiste	[todiste]
alibi (het)	alibi	[alibi]
onschuldig (bn)	syytön	[sy:tøn]
onrecht (het)	epäoikeudenmukaisuus	[epæojkeuden·mukajsu:s]
onrechtvaardig (bn)	epäoikeudenmukainen	[epæojkeuden·mukajnen]
crimineel (bn)	rikollinen	[rikollinen]
confisqueren (in beslag nemen)	takavarikoida	[takavarikojda]
drug (de)	huume	[hu:me]
wapen (het)	ase	[ase]
ontwapenen (ww)	riisua aseista	[ri:sua asejsta]
bevelen (ww)	käskeä	[kæskeæ]
verdwijnen (ww)	kadota	[kadota]
wet (de)	laki	[laki]
wettelijk (bn)	laillinen	[lajllinen]
onwettelijk (bn)	laiton	[lajton]
verantwoordelijkheid (de)	vastuu	[vastu:]
verantwoordelijk (bn)	vastuunalainen	[vastu:nalajnen]

NATUUR

De Aarde. Deel 1

122. De kosmische ruimte

kosmos (de)	avaruus	[ɑʋɑru:s]
kosmisch (bn)	avaruus-	[ɑʋɑru:s]
kosmische ruimte (de)	avaruus	[ɑʋɑru:s]
wereld (de)	maailma	[mɑ:jlmɑ]
heelal (het)	maailmankaikkeus	[mɑ:ilmɑn·kɑjkkeus]
sterrenstelsel (het)	galaksi	[gɑlɑksi]
ster (de)	tähti	[tæhti]
sterrenbeeld (het)	tähtikuvio	[tæhti·kuʋio]
planeet (de)	planeetta	[plɑne:ttɑ]
satelliet (de)	satelliitti	[sɑtelli:tti]
meteoriet (de)	meteoriitti	[meteori:tti]
komeet (de)	pyrstötähti	[pyrstø·tæhti]
asteroïde (de)	asteroidi	[ɑsterojdi]
baan (de)	kiertorata	[kierto·rɑtɑ]
draaien (om de zon, enz.)	kiertää	[kærtæ:]
atmosfeer (de)	ilmakehä	[ilmɑkeɦæ]
Zon (de)	Aurinko	[ɑuriŋko]
zonnestelsel (het)	Aurinkokunta	[ɑuriŋko·kuntɑ]
zonsverduistering (de)	auringonpimennys	[ɑuriŋon·pimeŋys]
Aarde (de)	Maa	[mɑ:]
Maan (de)	Kuu	[ku:]
Mars (de)	Mars	[mɑrs]
Venus (de)	Venus	[ʋenus]
Jupiter (de)	Jupiter	[jupiter]
Saturnus (de)	Saturnus	[sɑturnus]
Mercurius (de)	Merkurius	[merkurius]
Uranus (de)	Uranus	[urɑnus]
Neptunus (de)	Neptunus	[neptunus]
Pluto (de)	Pluto	[pluto]
Melkweg (de)	Linnunrata	[linnun·rɑtɑ]
Grote Beer (de)	Otava	[otɑʋɑ]
Poolster (de)	Pohjantähti	[pohjɑn·tæhti]
marsmannetje (het)	marsilainen	[mɑrsilɑjnen]
buitenaards wezen (het)	avaruusolio	[ɑʋɑru:soljo]

| bovenaards (het) | avaruusolento | [ɑʋɑru:s·olento] |
| vliegende schotel (de) | lentävä lautanen | [lentæʋæ lautanen] |

ruimtevaartuig (het)	avaruusalus	[ɑʋɑru:s·alus]
ruimtestation (het)	avaruusasema	[ɑʋɑru:s·asema]
start (de)	startti	[startti]

motor (de)	moottori	[mo:ttori]
straalpijp (de)	suutin	[su:tin]
brandstof (de)	polttoaine	[poltto·ajne]

cabine (de)	ohjaamo	[ohjɑ:mo]
antenne (de)	antenni	[antenni]
patrijspoort (de)	valoventtiili	[ʋɑloʋentti:li]
zonnebatterij (de)	aurinkokennosto	[auriŋko·keŋosto]
ruimtepak (het)	avaruuspuku	[ɑʋɑru:s·puku]

| gewichtloosheid (de) | painottomuus | [pajnottomu:s] |
| zuurstof (de) | happi | [happi] |

| koppeling (de) | telakointi | [telakojnti] |
| koppeling maken | tehdä telakointi | [tehdæ telakojnti] |

observatorium (het)	observatorio	[obserʋatorio]
telescoop (de)	teleskooppi	[telesko:ppi]
waarnemen (ww)	tarkkailla	[tarkkajlla]
exploreren (ww)	tutkia	[tutkia]

123. De Aarde

Aarde (de)	Maa	[mɑ:]
aardbol (de)	maapallo	[mɑ:pallo]
planeet (de)	planeetta	[plane:tta]

atmosfeer (de)	ilmakehä	[ilmakehæ]
aardrijkskunde (de)	maantiede	[mɑ:n·tiede]
natuur (de)	luonto	[luonto]

wereldbol (de)	karttapallo	[kartta·pallo]
kaart (de)	kartta	[kartta]
atlas (de)	atlas	[atlas]

| Europa (het) | Eurooppa | [euro:ppa] |
| Azië (het) | Aasia | [ɑ:sia] |

| Afrika (het) | Afrikka | [afrikka] |
| Australië (het) | Australia | [australia] |

Amerika (het)	Amerikka	[amerikka]
Noord-Amerika (het)	Pohjois-Amerikka	[pohjois·amerikka]
Zuid-Amerika (het)	Etelä-Amerikka	[etelæ·amerikka]

| Antarctica (het) | Etelämanner | [etelæmanner] |
| Arctis (de) | Arktis | [arktis] |

124. Windrichtingen

noorden (het)	pohjola	[pohjola]
naar het noorden	pohjoiseen	[pohjoise:n]
in het noorden	pohjoisessa	[pohjoisessa]
noordelijk (bn)	pohjois-, pohjoinen	[pohjois], [pohjoinen]
zuiden (het)	etelä	[etelæ]
naar het zuiden	etelään	[etelæ:n]
in het zuiden	etelässä	[etelæssæ]
zuidelijk (bn)	etelä-, eteläinen	[etelæ], [etelæjnen]
westen (het)	länsi	[længi]
naar het westen	länteen	[længte:n]
in het westen	lännessä	[længnessæ]
westelijk (bn)	länsi-, läntinen	[længi], [længtinen]
oosten (het)	itä	[itæ]
naar het oosten	itään	[itæ:n]
in het oosten	idässä	[idæssæ]
oostelijk (bn)	itä-, itäinen	[itæ], [itæjnen]

125. Zee. Oceaan

zee (de)	meri	[meri]
oceaan (de)	valtameri	[ʋalta·meri]
golf (baai)	lahti	[lahti]
straat (de)	salmi	[salmi]
grond (vaste grond)	maa	[mɑ:]
continent (het)	manner	[manner]
eiland (het)	saari	[sɑ:ri]
schiereiland (het)	niemimaa	[niemi·mɑ:]
archipel (de)	saaristo	[sɑ:risto]
baai, bocht (de)	lahti, poukama	[lahti], [poukama]
haven (de)	satama	[satama]
lagune (de)	laguuni	[lagu:ni]
kaap (de)	niemi	[niemi]
atol (de)	atolli	[atolli]
rif (het)	riutta	[riutta]
koraal (het)	koralli	[koralli]
koraalrif (het)	koralliriutta	[koralli·riutta]
diep (bn)	syvä	[syʋæ]
diepte (de)	syvyys	[syʋy:s]
diepzee (de)	syvänne	[syʋænne]
trog (bijv. Marianentrog)	hauta	[hauta]
stroming (de)	virta	[ʋirta]
omspoelen (ww)	huuhdella	[hu:hdella]
oever (de)	merenranta	[meren·ranta]

kust (de)	rannikko	[rannikko]
vloed (de)	vuoksi	[ʋuoksi]
eb (de)	laskuvesi	[lasku·ʋesi]
ondiepte (ondiep water)	matalikko	[matalikko]
bodem (de)	pohja	[pohja]

golf (hoge ~)	aalto	[a:lto]
golfkam (de)	aallonharja	[a:llon·harja]
schuim (het)	vaahto	[ʋa:hto]

storm (de)	myrsky	[myrsky]
orkaan (de)	hirmumyrsky	[hirmu·myrsky]
tsunami (de)	tsunami	[tsunami]
windstilte (de)	tyyni	[ty:yni]
kalm (bijv. ~e zee)	rauhallinen	[rauhallinen]

| pool (de) | napa | [napa] |
| polair (bn) | napa-, polaarinen | [napa], [pola:rinen] |

breedtegraad (de)	leveyspiiri	[leʋeys·pi:ri]
lengtegraad (de)	pituus	[pitu:s]
parallel (de)	leveyspiiri	[leʋeys·pi:ri]
evenaar (de)	päiväntasaaja	[pæjʋæn·tasa:ja]

hemel (de)	taivas	[tajʋas]
horizon (de)	horisontti	[horisontti]
lucht (de)	ilma	[ilma]

vuurtoren (de)	majakka	[majakka]
duiken (ww)	sukeltaa	[sukelta:]
zinken (ov. een boot)	upota	[upota]
schatten (mv.)	aarteet	[a:rte:t]

126. Namen van zeeën en oceanen

Atlantische Oceaan (de)	Atlantin valtameri	[atlantin ʋalta meri]
Indische Oceaan (de)	Intian valtameri	[intian ʋalta·meri]
Stille Oceaan (de)	Tyynimeri	[ty:ni·meri]
Noordelijke IJszee (de)	Pohjoinen jäämeri	[pohjoinen jæ:meri]

Zwarte Zee (de)	Mustameri	[musta·meri]
Rode Zee (de)	Punainenmeri	[punajnen·meri]
Gele Zee (de)	Keltainenmeri	[keltajnen·meri]
Witte Zee (de)	Vienanmeri	[ʋjenan·meri]

Kaspische Zee (de)	Kaspianmeri	[kaspian·meri]
Dode Zee (de)	Kuollutmeri	[kuollut·meri]
Middellandse Zee (de)	Välimeri	[ʋæli·meri]

| Egeïsche Zee (de) | Egeanmeri | [egean·meri] |
| Adriatische Zee (de) | Adrianmeri | [adrian·meri] |

| Arabische Zee (de) | Arabianmeri | [arabian·meri] |
| Japanse Zee (de) | Japaninmeri | [japanin·meri] |

| Beringzee (de) | Beringinmeri | [beriŋin·meri] |
| Zuid-Chinese Zee (de) | Etelä-Kiinan meri | [etelæ·ki:nan meri] |

Koraalzee (de)	Korallimeri	[koralli·meri]
Tasmanzee (de)	Tasmaninmeri	[tasmanin·meri]
Caribische Zee (de)	Karibianmeri	[karibian·meri]

| Barentszzee (de) | Barentsinmeri | [barentsin·meri] |
| Karische Zee (de) | Karanmeri | [karan·meri] |

Noordzee (de)	Pohjanmeri	[pohjan·meri]
Baltische Zee (de)	Itämeri	[itæ·meri]
Noorse Zee (de)	Norjanmeri	[norjan·meri]

127. Bergen

berg (de)	vuori	[ʋuori]
bergketen (de)	vuorijono	[ʋuori·jono]
gebergte (het)	vuorenharjanne	[ʋuoren·harjanne]

bergtop (de)	huippu	[hujppu]
bergpiek (de)	vuorenhuippu	[ʋuoren·hujppu]
voet (ov. de berg)	juuri	[ju:ri]
helling (de)	rinne	[rinne]

vulkaan (de)	tulivuori	[tuli·ʋuori]
actieve vulkaan (de)	toimiva tulivuori	[tojmiʋa tuli·ʋuori]
uitgedoofde vulkaan (de)	sammunut tulivuori	[sammunut tuli·ʋuori]

uitbarsting (de)	purkaus	[purkaus]
krater (de)	kraatteri	[kra:teri]
magma (het)	magma	[magma]
lava (de)	laava	[la:ʋa]
gloeiend (~e lava)	sulaa, hehkuva	[sula:], [hehkuʋa]

kloof (canyon)	kanjoni	[kanjoni]
bergkloof (de)	rotko	[rotko]
spleet (de)	halkeama	[halkeama]
afgrond (de)	kuilu	[kujlu]

bergpas (de)	sola	[sola]
plateau (het)	ylätasanko	[ylæ·tasaŋko]
klip (de)	kalju	[kalju]
heuvel (de)	mäki	[mæki]

gletsjer (de)	jäätikkö	[jæ:tikkø]
waterval (de)	vesiputous	[ʋesi·putous]
geiser (de)	geisir	[gejsir]
meer (het)	järvi	[jærʋi]

vlakte (de)	tasanko	[tasaŋko]
landschap (het)	maisema	[majsema]
echo (de)	kaiku	[kajku]
alpinist (de)	vuorikiipeilijä	[ʋuori·ki:pejlijæ]

bergbeklimmer (de)	vuorikiipeilijä	[ʋuori·ki:pejlijæ]
trotseren (berg ~)	valloittaa	[ʋallojtta:]
beklimming (de)	nousu	[nousu]

128. Bergen namen

Alpen (de)	Alpit	[alpit]
Mont Blanc (de)	Mont Blanc	[monblaŋ]
Pyreneeën (de)	Pyreneet	[pyrine:t]
Karpaten (de)	Karpaatit	[karpa:tit]
Oeralgebergte (het)	Ural	[ural]
Kaukasus (de)	Kaukasus	[kaukasus]
Elbroes (de)	Elbrus	[elbrus]
Altaj (de)	Altai	[altaj]
Tiensjan (de)	Tienšan	[tien·ʃan]
Pamir (de)	Pamir	[pamir]
Himalaya (de)	Himalaja	[himalaja]
Everest (de)	Mount Everest	[maunt eʋerest]
Andes (de)	Andit	[andit]
Kilimanjaro (de)	Kilimanjaro	[kilimanjaro]

129. Rivieren

rivier (de)	joki	[joki]
bron (~ van een rivier)	lähde	[læhde]
rivierbedding (de)	uoma	[uoma]
rivierbekken (het)	joen vesistö	[joen ʋesistø]
uitmonden in ...	laskea	[laskea]
zijrivier (de)	sivujoki	[siʋu·joki]
oever (de)	ranta	[ranta]
stroming (de)	virta	[ʋirta]
stroomafwaarts (bw)	myötävirtaan	[myøtæʋirta:n]
stroomopwaarts (bw)	ylävirtaan	[ylæ·ʋirta:n]
overstroming (de)	tulva	[tulʋa]
overstroming (de)	kevättulva	[keʋæt·tulʋa]
buiten zijn oevers treden	tulvia	[tulʋia]
overstromen (ww)	upottaa	[upotta:]
zandbank (de)	matalikko	[matalikko]
stroomversnelling (de)	koski	[koski]
dam (de)	pato	[pato]
kanaal (het)	kanava	[kanaʋa]
spaarbekken (het)	vedensäiliö	[ʋeden·sæjliø]
sluis (de)	sulku	[sulku]
waterlichaam (het)	vesistö	[ʋesistø]

moeras (het)	**suo**	[suo]
broek (het)	**hete**	[hete]
draaikolk (de)	**vesipyörre**	[vesi·pyørre]
stroom (de)	**puro**	[puro]
drink- (abn)	**juoma-**	[yoma]
zoet (~ water)	**makea**	[makea]
ijs (het)	**jää**	[jæ:]
bevriezen (rivier, enz.)	**jäätyä**	[jæ:tyæ]

130. Namen van rivieren

Seine (de)	**Seine**	[sen]
Loire (de)	**Loire**	[lua:r]
Theems (de)	**Thames**	[tæms]
Rijn (de)	**Rein**	[rejn]
Donau (de)	**Tonava**	[tonava]
Wolga (de)	**Volga**	[volga]
Don (de)	**Don**	[don]
Lena (de)	**Lena**	[lena]
Gele Rivier (de)	**Keltainenjoki**	[keltajnen·joki]
Blauwe Rivier (de)	**Jangtse**	[jaŋtse]
Mekong (de)	**Mekong**	[mekoŋ]
Ganges (de)	**Ganges**	[gaŋes]
Nijl (de)	**Niili**	[ni:li]
Kongo (de)	**Kongo**	[koŋo]
Okavango (de)	**Okavango**	[okavaŋo]
Zambezi (de)	**Sambesi**	[sambesi]
Limpopo (de)	**Limpopo**	[limpopo]
Mississippi (de)	**Mississippi**	[mississippi]

131. Bos

bos (het)	**metsä**	[metsæ]
bos- (abn)	**metsä-**	[metsæ]
oerwoud (dicht bos)	**tiheikkö**	[tihejkkø]
bosje (klein bos)	**lehto**	[lehto]
open plek (de)	**aho**	[aho]
struikgewas (het)	**tiheikkö**	[tihejkkø]
struiken (mv.)	**pensasaro**	[pensas·aro]
paadje (het)	**polku**	[polku]
ravijn (het)	**rotko**	[rotko]
boom (de)	**puu**	[pu:]
blad (het)	**lehti**	[lehti]

gebladerte (het)	lehvistö	[lehʋistø]
vallende bladeren (mv.)	lehdenlähtö	[lehden·læhtø]
vallen (ov. de bladeren)	karista	[karista]
boomtop (de)	latva	[latʋa]
tak (de)	oksa	[oksa]
ent (de)	oksa	[oksa]
knop (de)	silmu	[silmu]
naald (de)	neulanen	[neulanen]
dennenappel (de)	käpy	[kæpy]
boom holte (de)	pesäkolo	[pesæ·kolo]
nest (het)	pesä	[pesæ]
hol (het)	kolo	[kolo]
stam (de)	runko	[ruŋko]
wortel (bijv. boom~s)	juuri	[juːri]
schors (de)	kuori	[kuori]
mos (het)	sammal	[sammal]
ontwortelen (een boom)	juuria	[juːria]
kappen (een boom ~)	hakata	[hakata]
ontbossen (ww)	kaataa puita	[kaːtaː pujta]
stronk (de)	kanto	[kanto]
kampvuur (het)	nuotio	[nuotio]
bosbrand (de)	metsäpalo	[metsæ·palo]
blussen (ww)	sammuttaa	[sammuttaː]
boswachter (de)	metsänvartija	[metsæn·ʋartija]
bescherming (de)	suojelu	[suojelu]
beschermen (bijv. de natuur ~)	suojella	[suojella]
stroper (de)	salametsästäjä	[sala·metsæstæjæ]
val (de)	raudat	[raudat]
plukken (paddestoelen ~)	sienestää	[sienestæː]
plukken (bessen ~)	marjastaa	[marjastaː]
verdwalen (de weg kwijt zijn)	eksyä	[eksyæ]

132. Natuurlijke hulpbronnen

natuurlijke rijkdommen (mv.)	luonnonvarat	[luonnon·ʋarat]
delfstoffen (mv.)	fossiiliset resurssit	[fossiːliset resurssit]
lagen (mv.)	esiintymä	[esiːntymæ]
veld (bijv. olie~)	kenttä	[kenttæ]
winnen (uit erts ~)	louhia	[louhia]
winning (de)	kaivostoiminta	[kajʋos·tojminta]
erts (het)	malmi	[malmi]
mijn (bijv. kolenmijn)	kaivos	[kajʋos]
mijnschacht (de)	kaivos	[kajʋos]
mijnwerker (de)	kaivosmies	[kajʋosmies]
gas (het)	kaasu	[kaːsu]

gasleiding (de)	maakaasuputki	[mɑːkɑːsuputki]
olie (aardolie)	öljy	[øljy]
olieleiding (de)	öljyjohto	[øljy·johto]
oliebron (de)	öljynporausreikä	[øljyn·porɑus·rejkæ]
boortoren (de)	öljynporaustorni	[øljyn·porɑus·torni]
tanker (de)	tankkilaiva	[tɑŋkki·lɑjuɑ]

zand (het)	hiekka	[hiekkɑ]
kalksteen (de)	kalkkikivi	[kɑlkki·kiui]
grind (het)	sora	[sorɑ]
veen (het)	turve	[turue]
klei (de)	savi	[sɑui]
steenkool (de)	hiili	[hiːli]

ijzer (het)	rauta	[rɑutɑ]
goud (het)	kulta	[kultɑ]
zilver (het)	hopea	[hopeɑ]
nikkel (het)	nikkeli	[nikkeli]
koper (het)	kupari	[kupɑri]

zink (het)	sinkki	[siŋkki]
mangaan (het)	mangaani	[mɑŋɑːni]
kwik (het)	elohopea	[elo·hopeɑ]
lood (het)	lyijy	[lyjy]

mineraal (het)	mineraali	[minerɑːli]
kristal (het)	kristalli	[kristɑlli]
marmer (het)	marmori	[mɑrmori]
uraan (het)	uraani	[urɑːni]

De Aarde. Deel 2

133. Weer

weer (het)	sää	[sæ:]
weersvoorspelling (de)	sääennuste	[sæ:ennuste]
temperatuur (de)	lämpötila	[læmpøtila]
thermometer (de)	lämpömittari	[læmpø·mittari]
barometer (de)	ilmapuntari	[ilma·puntari]
vochtig (bn)	kostea	[kostea]
vochtigheid (de)	kosteus	[kosteus]
hitte (de)	helle	[helle]
heet (bn)	kuuma	[ku:ma]
het is heet	on kuumaa	[on ku:ma:]
het is warm	on lämmintä	[on læmmintæ]
warm (bn)	lämmin	[læmmin]
het is koud	on kylmää	[on kylmæ:]
koud (bn)	kylmä	[kylmæ]
zon (de)	aurinko	[auriŋko]
schijnen (de zon)	paistaa	[pajsta:]
zonnig (~e dag)	aurinkoinen	[auriŋkojnen]
opgaan (ov. de zon)	nousta	[nousta]
ondergaan (ww)	istuutua	[istu:tua]
wolk (de)	pilvi	[pilʋi]
bewolkt (bn)	pilvinen	[pilʋinen]
regenwolk (de)	sadepilvi	[sade·pilʋi]
somber (bn)	hämärä	[hæmæræ]
regen (de)	sade	[sade]
het regent	sataa vettä	[sata: ʋettæ]
regenachtig (bn)	sateinen	[satejnen]
motregenen (ww)	vihmoa	[ʋihmoa]
plensbui (de)	kaatosade	[ka:to·sade]
stortbui (de)	rankkasade	[raŋkka·sade]
hard (bn)	rankka	[raŋkka]
plas (de)	lätäkkö	[lætækkø]
nat worden (ww)	tulla märäksi	[tulla mæræksi]
mist (de)	sumu	[sumu]
mistig (bn)	sumuinen	[sumujnen]
sneeuw (de)	lumi	[lumi]
het sneeuwt	sataa lunta	[sata: lunta]

134. Zwaar weer. Natuurrampen

noodweer (storm)	ukkonen	[ukkonen]
bliksem (de)	salama	[salama]
flitsen (ww)	välkkyä	[vælkkyæ]
donder (de)	ukkonen	[ukkonen]
donderen (ww)	jyristä	[yristæ]
het dondert	ukkonen jyrisee	[ukkonen yrise:]
hagel (de)	raesade	[raesade]
het hagelt	sataa rakeita	[sata: rakejta]
overstromen (ww)	upottaa	[upotta:]
overstroming (de)	tulva	[tulʋa]
aardbeving (de)	maanjäristys	[ma:n·jaristys]
aardschok (de)	maantärähdys	[ma:n·tæræhdys]
epicentrum (het)	episentrumi	[episentrumi]
uitbarsting (de)	purkaus	[purkaus]
lava (de)	laava	[la:ʋa]
wervelwind (de)	pyörremyrsky	[pyørre·myrsky]
windhoos (de)	tornado	[tornado]
tyfoon (de)	taifuuni	[tajfu:ni]
orkaan (de)	hirmumyrsky	[hirmu·myrsky]
storm (de)	myrsky	[myrsky]
tsunami (de)	tsunami	[tsunami]
cycloon (de)	sykloni	[sykloni]
onweer (het)	koiranilma	[kojran·ilma]
brand (de)	palo	[palo]
ramp (de)	katastrofi	[katastrofi]
meteoriet (de)	meteoriitti	[meteori:tti]
lawine (de)	lumivyöry	[lumi·ʋyøry]
sneeuwverschuiving (de)	lumivyöry	[lumi·ʋyøry]
sneeuwjacht (de)	pyry	[pyry]
sneeuwstorm (de)	pyry	[pyry]

Fauna

135. Zoogdieren. Roofdieren

roofdier (het)	peto	[peto]
tijger (de)	tiikeri	[tiːkeri]
leeuw (de)	leijona	[leijona]
wolf (de)	susi	[susi]
vos (de)	kettu	[kettu]
jaguar (de)	jaguaari	[jaguaːri]
luipaard (de)	leopardi	[leopardi]
jachtluipaard (de)	gepardi	[gepardi]
panter (de)	pantteri	[pantteri]
poema (de)	puuma	[puːma]
sneeuwluipaard (de)	lumileopardi	[lumi·leopardi]
lynx (de)	ilves	[ilʋes]
coyote (de)	kojootti	[kojoːtti]
jakhals (de)	sakaali	[sakaːli]
hyena (de)	hyeena	[hyeːna]

136. Wilde dieren

dier (het)	eläin	[elæjn]
beest (het)	peto	[peto]
eekhoorn (de)	orava	[oraʋa]
egel (de)	siili	[siːli]
haas (de)	jänis	[jænis]
konijn (het)	kaniini	[kaniːni]
das (de)	mäyrä	[mæuræ]
wasbeer (de)	pesukarhu	[pesu·karhu]
hamster (de)	hamsteri	[hamsteri]
marmot (de)	murmeli	[murmeli]
mol (de)	maamyyrä	[maːmyːræ]
muis (de)	hiiri	[hiːri]
rat (de)	rotta	[rotta]
vleermuis (de)	lepakko	[lepakko]
hermelijn (de)	kärppä	[kærppæ]
sabeldier (het)	soopeli	[soːpeli]
marter (de)	näätä	[næːtæ]
wezel (de)	lumikko	[lumikko]
nerts (de)	minkki	[miŋkki]

bever (de)	majava	[majɑuɑ]
otter (de)	saukko	[sɑukko]
paard (het)	hevonen	[heuonen]
eland (de)	hirvi	[hirui]
hert (het)	poro	[poro]
kameel (de)	kameli	[kɑmeli]
bizon (de)	biisoni	[bi:soni]
wisent (de)	visentti	[uisentti]
buffel (de)	puhveli	[puhueli]
zebra (de)	seepra	[se:pra]
antilope (de)	antilooppi	[antilo:ppi]
ree (de)	metsäkauris	[metsæ·kauris]
damhert (het)	kuusipeura	[ku:si·peura]
gems (de)	gemssi	[gemssi]
everzwijn (het)	villisika	[uilli·sika]
walvis (de)	valas	[ualas]
rob (de)	hylje	[hylje]
walrus (de)	mursu	[mursu]
zeebeer (de)	merikarhu	[meri·karhu]
dolfijn (de)	delfiini	[delfi:ni]
beer (de)	karhu	[karhu]
ijsbeer (de)	jääkarhu	[jæ:karhu]
panda (de)	panda	[panda]
aap (de)	apina	[apina]
chimpansee (de)	simpanssi	[simpanssi]
orang-oetan (de)	oranki	[oraŋki]
gorilla (de)	gorilla	[gorilla]
makaak (de)	makaki	[makaki]
gibbon (de)	gibboni	[gibboni]
olifant (de)	norsu	[norsu]
neushoorn (de)	sarvikuono	[sarui·kuono]
giraffe (de)	kirahvi	[kirahui]
nijlpaard (het)	virtahepo	[uirta·hepo]
kangoeroe (de)	kenguru	[keŋuru]
koala (de)	pussikarhu	[pussi·karhu]
mangoest (de)	faaraorotta	[fa:rao·rotta]
chinchilla (de)	sinsilla	[sinsilla]
stinkdier (het)	haisunäätä	[hajsunæ:tæ]
stekelvarken (het)	piikkisika	[pi:kki·sika]

137. Huisdieren

poes (de)	kissa	[kissa]
kater (de)	kollikissa	[kolli·kissa]
hond (de)	koira	[kojra]

paard (het)	hevonen	[heυonen]
hengst (de)	ori	[ori]
merrie (de)	tamma	[tamma]
koe (de)	lehmä	[lehmæ]
bul, stier (de)	sonni	[sonni]
os (de)	härkä	[hærkæ]
schaap (het)	lammas	[lammɑs]
ram (de)	pässi	[pæssi]
geit (de)	vuohi	[υuohi]
bok (de)	pukki	[pukki]
ezel (de)	aasi	[a:si]
muilezel (de)	muuli	[mu:li]
varken (het)	sika	[sikɑ]
biggetje (het)	porsas	[porsɑs]
konijn (het)	kaniini	[kani:ni]
kip (de)	kana	[kanɑ]
haan (de)	kukko	[kukko]
eend (de)	ankka	[aŋkkɑ]
woerd (de)	urosankka	[uros·aŋkkɑ]
gans (de)	hanhi	[hɑnhi]
kalkoen haan (de)	uroskalkkuna	[uros·kɑlkkunɑ]
kalkoen (de)	kalkkuna	[kɑlkkunɑ]
huisdieren (mv.)	kotieläimet	[koti·elæjmet]
tam (bijv. hamster)	kesy	[kesy]
temmen (tam maken)	kesyttää	[kesyttæ:]
fokken (bijv. paarden ~)	kasvattaa	[kɑsυattɑ:]
boerderij (de)	farmi	[farmi]
gevogelte (het)	siipikarja	[si:pi·karja]
rundvee (het)	karja	[karja]
kudde (de)	lauma	[lauma]
paardenstal (de)	hevostalli	[heυos·talli]
zwijnenstal (de)	sikala	[sikala]
koeienstal (de)	navetta	[naυettɑ]
konijnenhok (het)	kanikoppi	[kani·koppi]
kippenhok (het)	kanala	[kɑnɑlɑ]

138. Vogels

vogel (de)	lintu	[lintu]
duif (de)	kyyhky	[ky:hky]
mus (de)	varpunen	[υarpunen]
koolmees (de)	tiainen	[tiɑjnen]
ekster (de)	harakka	[hɑrɑkkɑ]
raaf (de)	korppi	[korppi]

kraai (de)	varis	[ʋaris]
kauw (de)	naakka	[naːkka]
roek (de)	mustavaris	[musta·ʋaris]

eend (de)	ankka	[aŋkka]
gans (de)	hanhi	[hanhi]
fazant (de)	fasaani	[fasaːni]

arend (de)	kotka	[kotka]
havik (de)	haukka	[haukka]
valk (de)	jalohaukka	[jalo·haukka]
gier (de)	korppikotka	[korppi·kotka]
condor (de)	kondori	[kondori]

zwaan (de)	joutsen	[joutsen]
kraanvogel (de)	kurki	[kurki]
ooievaar (de)	haikara	[hajkara]

papegaai (de)	papukaija	[papukaija]
kolibrie (de)	kolibri	[kolibri]
pauw (de)	riikinkukko	[riːkin·kukko]

struisvogel (de)	strutsi	[strutsi]
reiger (de)	haikara	[hajkara]
flamingo (de)	flamingo	[flamiŋo]
pelikaan (de)	pelikaani	[pelikaːni]

| nachtegaal (de) | satakieli | [sata·kieli] |
| zwaluw (de) | pääskynen | [pæːskynen] |

lijster (de)	rastas	[rastas]
zanglijster (de)	laulurastas	[laulu·rastas]
merel (de)	mustarastas	[musta·rastas]

gierzwaluw (de)	tervapääsky	[terʋa·pæːsky]
leeuwerik (de)	leivonen	[lejʋonen]
kwartel (de)	viiriäinen	[ʋiːriæjnen]

specht (de)	tikka	[tikka]
koekoek (de)	käki	[kæki]
uil (de)	pöllö	[pøllø]
oehoe (de)	huuhkaja	[huːhkaja]
auerhoen (het)	metso	[metso]
korhoen (het)	teeri	[teːri]
patrijs (de)	peltopyy	[pelto·pyː]

spreeuw (de)	kottarainen	[kottarajnen]
kanarie (de)	kanarialintu	[kanaria·lintu]
hazelhoen (het)	pyy	[pyː]

| vink (de) | peippo | [pejppo] |
| goudvink (de) | punatulkku | [puna·tulkku] |

meeuw (de)	lokki	[lokki]
albatros (de)	albatrossi	[albatrossi]
pinguïn (de)	pingviini	[piŋʋiːni]

139. Vis. Zeedieren

brasem (de)	lahna	[lahna]
karper (de)	karppi	[karppi]
baars (de)	ahven	[ahʋen]
meerval (de)	monni	[monni]
snoek (de)	hauki	[hauki]
zalm (de)	lohi	[loɦi]
steur (de)	sampi	[sampi]
haring (de)	silli	[silli]
atlantische zalm (de)	merilohi	[meri·loɦi]
makreel (de)	makrilli	[makrilli]
platvis (de)	kampela	[kampela]
snoekbaars (de)	kuha	[kuɦa]
kabeljauw (de)	turska	[turska]
tonijn (de)	tonnikala	[tonnikala]
forel (de)	taimen	[tajmen]
paling (de)	ankerias	[aŋkerias]
sidderrog (de)	rausku	[rausku]
murene (de)	mureena	[mureːna]
piranha (de)	punapiraija	[puna·piraija]
haai (de)	hai	[haj]
dolfijn (de)	delfiini	[delfiːni]
walvis (de)	valas	[ʋalas]
krab (de)	taskurapu	[tasku·rapu]
kwal (de)	meduusa	[meduːsa]
octopus (de)	meritursas	[meri·tursas]
zeester (de)	meritähti	[meri·tæhti]
zee-egel (de)	merisiili	[meri·siːli]
zeepaardje (het)	merihevonen	[meri·heʋonen]
oester (de)	osteri	[osteri]
garnaal (de)	katkarapu	[katkarapu]
kreeft (de)	hummeri	[hummeri]
langoest (de)	langusti	[laŋusti]

140. Amfibieën. Reptielen

slang (de)	käärme	[kæːrme]
giftig (slang)	myrkky-, myrkyllinen	[myrkky], [myrkyllinen]
adder (de)	kyy	[kyː]
cobra (de)	silmälasikäärme	[silmælasi·kæːrme]
python (de)	pyton	[pyton]
boa (de)	jättiläiskäärme	[jættilæjs·kæːrme]
ringslang (de)	turhakäärme	[turha·kæːrme]

ratelslang (de)	kalkkarokäärme	[kalkkaro·kæ:rme]
anaconda (de)	anakonda	[anakonda]
hagedis (de)	lisko	[lisko]
leguaan (de)	iguaani	[igua:ni]
varaan (de)	varaani	[vara:ni]
salamander (de)	salamanteri	[salamanteri]
kameleon (de)	kameleontti	[kameleontti]
schorpioen (de)	skorpioni	[skorpioni]
schildpad (de)	kilpikonna	[kilpi·konna]
kikker (de)	sammakko	[sammakko]
pad (de)	konna	[konna]
krokodil (de)	krokotiili	[krokoti:li]

141. Insecten

insect (het)	hyönteinen	[hyøntejnen]
vlinder (de)	perhonen	[perhonen]
mier (de)	muurahainen	[mu:raɦajnen]
vlieg (de)	kärpänen	[kærpænen]
mug (de)	hyttynen	[hyttynen]
kever (de)	kovakuoriainen	[koʋa·kuoriajnen]
wesp (de)	ampiainen	[ampiajnen]
bij (de)	mehiläinen	[meɦilæjnen]
hommel (de)	kimalainen	[kimalajnen]
horzel (de)	kiiliäinen	[ki:liæjnen]
spin (de)	hämähäkki	[hæmæɦækki]
spinnenweb (het)	hämähäkinseitti	[hæmæɦækin·sejtti]
libel (de)	sudenkorento	[sudeŋ·korento]
sprinkhaan (de)	hepokatti	[hepokatti]
nachtvlinder (de)	yöperhonen	[yø·perhonen]
kakkerlak (de)	torakka	[torakka]
teek (de)	punkki	[puŋkki]
vlo (de)	kirppu	[kirppu]
kriebelmug (de)	mäkärä	[mækæræ]
treksprinkhaan (de)	kulkusirkka	[kulku·sirkka]
slak (de)	etana	[etana]
krekel (de)	sirkka	[sirkka]
glimworm (de)	kiiltomato	[ki:lto·mato]
lieveheersbeestje (het)	leppäkerttu	[leppæ·kerttu]
meikever (de)	turilas	[turilas]
bloedzuiger (de)	juotikas	[juotikas]
rups (de)	toukka	[toukka]
aardworm (de)	kastemato	[kaste·mato]
larve (de)	toukka	[toukka]

Flora

142. Bomen

boom (de)	puu	[pu:]
loof- (abn)	lehti-	[lehti]
dennen- (abn)	havu-	[hɑʋu]
groenblijvend (bn)	ikivihreä	[ikiʋihreɑ]
appelboom (de)	omenapuu	[omena·pu:]
perenboom (de)	päärynäpuu	[pæ:rynæ·pu:]
zoete kers (de)	linnunkirsikkapuu	[linnun·kirsikkapu:]
zure kers (de)	hapankirsikkapuu	[hapan·kirsikkapu:]
pruimelaar (de)	luumupuu	[lu:mu·pu:]
berk (de)	koivu	[kojuu]
eik (de)	tammi	[tammi]
linde (de)	lehmus	[lehmus]
esp (de)	haapa	[hɑ:pɑ]
esdoorn (de)	vaahtera	[ʋɑ:htera]
spar (de)	kuusipuu	[ku:si·pu:]
den (de)	mänty	[mænty]
lariks (de)	lehtikuusi	[lehti·ku:si]
zilverspar (de)	jalokuusi	[jaloku:si]
ceder (de)	setri	[setri]
populier (de)	poppeli	[poppeli]
lijsterbes (de)	pihlaja	[pihlaja]
wilg (de)	paju	[paju]
els (de)	leppä	[leppæ]
beuk (de)	pyökki	[pyøkki]
iep (de)	jalava	[jalaʋa]
es (de)	saarni	[sɑ:rni]
kastanje (de)	kastanja	[kastanja]
magnolia (de)	magnolia	[magnolia]
palm (de)	palmu	[palmu]
cipres (de)	sypressi	[sypressi]
mangrove (de)	mangrove	[maŋroʋe]
baobab (apenbroodboom)	apinanleipäpuu	[apinan·lejpæpu:]
eucalyptus (de)	eukalyptus	[eukalyptus]
mammoetboom (de)	punapuu	[puna·pu:]

143. Heesters

struik (de)	pensas	[pensas]
heester (de)	pensaikko	[pensajkko]

| wijnstok (de) | viinirypäleet | [ʋi:ni·rypæle:t] |
| wijngaard (de) | viinitarha | [ʋi:ni·tarha] |

frambozenstruik (de)	vadelma	[ʋadelma]
zwarte bes (de)	mustaherukka	[musta·herukka]
rode bessenstruik (de)	punaherukka	[puna·herukka]
kruisbessenstruik (de)	karviainen	[karʋiajnen]

acacia (de)	akasia	[akasia]
zuurbes (de)	happomarja	[happomarja]
jasmijn (de)	jasmiini	[jasmi:ni]

jeneverbes (de)	kataja	[kataja]
rozenstruik (de)	ruusupensas	[ru:su·pensas]
hondsroos (de)	villiruusu	[ʋilli·ru:su]

144. Vruchten. Bessen

vrucht (de)	hedelmä	[hedelmæ]
vruchten (mv.)	hedelmät	[hedelmæt]
appel (de)	omena	[omena]
peer (de)	päärynä	[pæ:rynæ]
pruim (de)	luumu	[lu:mu]

aardbei (de)	mansikka	[mansikka]
zure kers (de)	hapankirsikka	[hapan·kirsikka]
zoete kers (de)	linnunkirsikka	[linnun·kirsikka]
druif (de)	viinirypäleet	[ʋi:ni·rypæle:t]

framboos (de)	vadelma	[ʋadelma]
zwarte bes (de)	mustaherukka	[musta·herukka]
rode bes (de)	punaherukka	[puna·herukka]
kruisbes (de)	karviainen	[karʋiajnen]
veenbes (de)	karpalo	[karpalo]

sinaasappel (de)	appelsiini	[appelsi:ni]
mandarijn (de)	mandariini	[mandari:ni]
ananas (de)	ananas	[ananas]

| banaan (de) | banaani | [bana:ni] |
| dadel (de) | taateli | [ta:teli] |

citroen (de)	sitruuna	[sitru:na]
abrikoos (de)	aprikoosi	[apriko:si]
perzik (de)	persikka	[persikka]

| kiwi (de) | kiivi | [ki:ʋi] |
| grapefruit (de) | greippi | [grejppi] |

bes (de)	marja	[marja]
bessen (mv.)	marjat	[marjat]
vossenbes (de)	puolukka	[puolukka]
bosaardbei (de)	ahomansikka	[aho·mansikka]
blauwe bosbes (de)	mustikka	[mustikka]

145. Bloemen. Planten

bloem (de)	kukka	[kukka]
boeket (het)	kukkakimppu	[kukka·kimppu]
roos (de)	ruusu	[ru:su]
tulp (de)	tulppani	[tulppani]
anjer (de)	neilikka	[nejlikka]
gladiool (de)	miekkalilja	[miekkalilja]
korenbloem (de)	kaunokki	[kaunokki]
klokje (het)	kissankello	[kissan·kello]
paardenbloem (de)	voikukka	[ʋoj·kukka]
kamille (de)	päivänkakkara	[pæjʋæn·kakkara]
aloë (de)	aaloe	[a:loe]
cactus (de)	kaktus	[kaktus]
ficus (de)	fiikus	[fi:kus]
lelie (de)	lilja	[lilja]
geranium (de)	kurjenpolvi	[kurjen·polʋi]
hyacint (de)	hyasintti	[hyasintti]
mimosa (de)	mimosa	[mimosa]
narcis (de)	narsissi	[narsissi]
Oost-Indische kers (de)	koristekrassi	[koriste·krassi]
orchidee (de)	orkidea	[orkidea]
pioenroos (de)	pioni	[pioni]
viooltje (het)	orvokki	[orʋokki]
driekleurig viooltje (het)	keto-orvokki	[keto·orʋokki]
vergeet-mij-nietje (het)	lemmikki	[lemmikki]
madeliefje (het)	kaunokainen	[kaunokajnen]
papaver (de)	unikko	[unikko]
hennep (de)	hamppu	[hamppu]
munt (de)	minttu	[minttu]
lelietje-van-dalen (het)	kielo	[kielo]
sneeuwklokje (het)	lumikello	[lumi·kello]
brandnetel (de)	nokkonen	[nokkonen]
veldzuring (de)	suolaheinä	[suola·hejnæ]
waterlelie (de)	lumme	[lumme]
varen (de)	saniainen	[saniajnen]
korstmos (het)	jäkälä	[jækælæ]
oranjerie (de)	talvipuutarha	[talʋi·pu:tarha]
gazon (het)	nurmikko	[nurmikko]
bloemperk (het)	kukkapenkki	[kukka·peŋkki]
plant (de)	kasvi	[kasʋi]
gras (het)	ruoho	[ruoho]
grasspriet (de)	heinänkorsi	[hejnæŋ·korsi]

blad (het)	lehti	[lehti]
bloemblad (het)	terälehti	[teræ·lehti]
stengel (de)	varsi	[ʋarsi]
knol (de)	mukula	[mukula]
scheut (de)	itu	[itu]
doorn (de)	piikki	[pi:kki]
bloeien (ww)	kukkia	[kukkia]
verwelken (ww)	kuihtua	[kujhtua]
geur (de)	tuoksu	[tuoksu]
snijden (bijv. bloemen ~)	leikata	[lejkata]
plukken (bloemen ~)	repiä	[repiæ]

146. Granen, graankorrels

graan (het)	vilja	[ʋilja]
graangewassen (mv.)	viljat	[ʋiljat]
aar (de)	tähkä	[tæhkæ]
tarwe (de)	vehnä	[ʋehnæ]
rogge (de)	ruis	[rujs]
haver (de)	kaura	[kaura]
gierst (de)	hirssi	[hirssi]
gerst (de)	ohra	[ohra]
maïs (de)	maissi	[majssi]
rijst (de)	riisi	[ri:si]
boekweit (de)	tattari	[tattari]
erwt (de)	herne	[herne]
nierboon (de)	pavut	[paʋut]
soja (de)	soija	[soija]
linze (de)	linssi	[linssi]
bonen (mv.)	pavut	[paʋut]

LANDEN. NATIONALITEITEN

147. West-Europa

Europa (het)	Eurooppa	[euro:ppa]
Europese Unie (de)	Euroopan unioni	[euro:pan unioni]
Oostenrijk (het)	Itävalta	[itæʋalta]
Groot-Brittannië (het)	Iso-Britannia	[iso·britannia]
Engeland (het)	Englanti	[eŋlanti]
België (het)	Belgia	[belgia]
Duitsland (het)	Saksa	[saksa]
Nederland (het)	Alankomaat	[alaŋkoma:t]
Holland (het)	Hollanti	[hollanti]
Griekenland (het)	Kreikka	[krejkka]
Denemarken (het)	Tanska	[tanska]
Ierland (het)	Irlanti	[irlanti]
IJsland (het)	Islanti	[islanti]
Spanje (het)	Espanja	[espanja]
Italië (het)	Italia	[italia]
Cyprus (het)	Kypros	[kypros]
Malta (het)	Malta	[malta]
Noorwegen (het)	Norja	[norja]
Portugal (het)	Portugali	[portugali]
Finland (het)	Suomi	[suomi]
Frankrijk (het)	Ranska	[ranska]
Zweden (het)	Ruotsi	[ruotsi]
Zwitserland (het)	Sveitsi	[sʋejtsi]
Schotland (het)	Skotlanti	[skotlanti]
Vaticaanstad (de)	Vatikaanivaltio	[ʋatika:ni·ʋaltio]
Liechtenstein (het)	Liechtenstein	[lihtenʃtajn]
Luxemburg (het)	Luxemburg	[lyksemburg]
Monaco (het)	Monaco	[monako]

148. Centraal- en Oost-Europa

Albanië (het)	Albania	[albania]
Bulgarije (het)	Bulgaria	[bulgaria]
Hongarije (het)	Unkari	[uŋkari]
Letland (het)	Latvia	[latʋia]
Litouwen (het)	Liettua	[liettua]
Polen (het)	Puola	[puola]

Roemenië (het)	Romania	[romania]
Servië (het)	Serbia	[serbia]
Slowakije (het)	Slovakia	[slouakia]

Kroatië (het)	Kroatia	[kroatia]
Tsjechië (het)	Tšekki	[tʃekki]
Estland (het)	Viro	[uiro]

Bosnië en Herzegovina (het)	Bosnia ja Hertsegovina	[bosnia ja hertsegouina]
Macedonië (het)	Makedonia	[makedonia]
Slovenië (het)	Slovenia	[slouenia]
Montenegro (het)	Montenegro	[monte·negro]

149. Voormalige USSR landen

| Azerbeidzjan (het) | Azerbaidžan | [azerbajdʒan] |
| Armenië (het) | Armenia | [armeniæ] |

Wit-Rusland (het)	Valko-Venäjä	[ualko·uenæjæ]
Georgië (het)	Georgia	[georgia]
Kazakstan (het)	Kazakstan	[kazakstan]
Kirgizië (het)	Kirgisia	[kirgisia]
Moldavië (het)	Moldova	[moldoua]

| Rusland (het) | Venäjä | [uenæjæ] |
| Oekraïne (het) | Ukraina | [ukrajna] |

Tadzjikistan (het)	Tadžhikistan	[tadʒikistan]
Turkmenistan (het)	Turkmenistan	[turkmenistan]
Oezbekistan (het)	Uzbekistan	[uzbekistan]

150. Azië

Azië (het)	Aasia	[aːsia]
Vietnam (het)	Vietnam	[ujetnam]
India (het)	Intia	[intia]
Israël (het)	Israel	[israel]

China (het)	Kiina	[kiːna]
Libanon (het)	Libanon	[libanon]
Mongolië (het)	Mongolia	[moŋolia]

| Maleisië (het) | Malesia | [malesia] |
| Pakistan (het) | Pakistan | [pakistan] |

Saoedi-Arabië (het)	Saudi-Arabia	[saudi·arabia]
Thailand (het)	Thaimaa	[thajmaː]
Taiwan (het)	Taiwan	[tajuan]
Turkije (het)	Turkki	[turkki]
Japan (het)	Japani	[japani]
Afghanistan (het)	Afganistan	[afganistan]
Bangladesh (het)	Bangladesh	[baŋladeʃ]

Indonesië (het)	**Indonesia**	[indonesia]
Jordanië (het)	**Jordania**	[jordania]
Irak (het)	**Irak**	[irak]
Iran (het)	**Iran**	[iran]
Cambodja (het)	**Kambodža**	[kambodʒa]
Koeweit (het)	**Kuwait**	[kuvajt]
Laos (het)	**Laos**	[laos]
Myanmar (het)	**Myanmar**	[myanmar]
Nepal (het)	**Nepal**	[nepal]
Verenigde Arabische Emiraten	**Arabiemiirikuntien liitto**	[arabi·emi:ri·kuntien li:tto]
Syrië (het)	**Syyria**	[sy:ria]
Palestijnse autonomie (de)	**Palestiinalaishallinto**	[palesti:nalajs·hallinto]
Zuid-Korea (het)	**Etelä-Korea**	[etelæ·korea]
Noord-Korea (het)	**Pohjois-Korea**	[pohjois·korea]

151. Noord-Amerika

Verenigde Staten van Amerika	**Yhdysvallat**	[yhdys·vallat]
Canada (het)	**Kanada**	[kanada]
Mexico (het)	**Meksiko**	[meksiko]

152. Midden- en Zuid-Amerika

Argentinië (het)	**Argentiina**	[argenti:na]
Brazilië (het)	**Brasilia**	[brasilia]
Colombia (het)	**Kolumbia**	[kolumbia]
Cuba (het)	**Kuuba**	[ku:ba]
Chili (het)	**Chile**	[tʃile]
Bolivia (het)	**Bolivia**	[bolivia]
Venezuela (het)	**Venezuela**	[venezuela]
Paraguay (het)	**Paraguay**	[paraguaj]
Peru (het)	**Peru**	[peru]
Suriname (het)	**Suriname**	[suriname]
Uruguay (het)	**Uruguay**	[uruguaj]
Ecuador (het)	**Ecuador**	[ekuador]
Bahama's (mv.)	**Bahama**	[bahama]
Haïti (het)	**Haiti**	[haiti]
Dominicaanse Republiek (de)	**Dominikaaninen tasavalta**	[dominika:ninen tasavalta]
Panama (het)	**Panama**	[panama]
Jamaica (het)	**Jamaika**	[jamajka]

153. Afrika

Egypte (het)	**Egypti**	[egypti]
Marokko (het)	**Marokko**	[marokko]
Tunesië (het)	**Tunisia**	[tunisia]
Ghana (het)	**Ghana**	[gana]
Zanzibar (het)	**Sansibar**	[sansibar]
Kenia (het)	**Kenia**	[kenia]
Libië (het)	**Libya**	[libya]
Madagaskar (het)	**Madagaskar**	[madagaskar]
Namibië (het)	**Namibia**	[namibiæ]
Senegal (het)	**Senegal**	[senegal]
Tanzania (het)	**Tansania**	[tansania]
Zuid-Afrika (het)	**Etelä-Afrikka**	[etelæ·afrikka]

154. Australië. Oceanië

Australië (het)	**Australia**	[australia]
Nieuw-Zeeland (het)	**Uusi-Seelanti**	[u:si·se:lanti]
Tasmanië (het)	**Tasmania**	[tasmania]
Frans-Polynesië	**Ranskan Polynesia**	[ranskan polynesia]

155. Steden

Amsterdam	**Amsterdam**	[amsterdam]
Ankara	**Ankara**	[aŋkara]
Athene	**Ateena**	[ate:na]
Bagdad	**Bagdad**	[bagdad]
Bangkok	**Bangkok**	[baŋkok]
Barcelona	**Barcelona**	[barselona]
Beiroet	**Beirut**	[bejrut]
Berlijn	**Berliini**	[berli:ni]
Boedapest	**Budapest**	[budapest]
Boekarest	**Bukarest**	[bukarest]
Bombay, Mumbai	**Mumbai**	[mumbaj]
Bonn	**Bonn**	[bonn]
Bordeaux	**Bordeaux**	[bordo]
Bratislava	**Bratislava**	[bratislaʋa]
Brussel	**Bryssel**	[bryssel]
Caïro	**Kairo**	[kajro]
Calcutta	**Kalkutta**	[kalkutta]
Chicago	**Chicago**	[tʃikago]
Dar Es Salaam	**Dar es Salaam**	[dar es sala:m]
Delhi	**Delhi**	[deli]
Den Haag	**Haag**	[ha:g]

Dubai	**Dubai**	[dubaj]
Dublin	**Dublin**	[dublin]
Düsseldorf	**Düsseldorf**	[dysseldorf]
Florence	**Firenze**	[firentse]
Frankfort	**Frankfurt**	[fraŋkfurt]
Genève	**Geneve**	[geneve]
Hamburg	**Hampuri**	[hampuri]
Hanoi	**Hanoi**	[hanoj]
Havana	**Havanna**	[havanna]
Helsinki	**Helsinki**	[helsiŋki]
Hiroshima	**Hiroshima**	[hiroʃima]
Hongkong	**Hongkong**	[hoŋkoŋ]
Istanbul	**Istanbul**	[istanbul]
Jeruzalem	**Jerusalem**	[jerusalem]
Kiev	**Kiova**	[kiova]
Kopenhagen	**Kööpenhamina**	[kø:penhamina]
Kuala Lumpur	**Kuala Lumpur**	[kuala lumpur]
Lissabon	**Lissabon**	[lissabon]
Londen	**Lontoo**	[lonto:]
Los Angeles	**Los Angeles**	[los aŋeles]
Lyon	**Lyon**	[ljon]
Madrid	**Madrid**	[madrid]
Marseille	**Marseille**	[marsejlle]
Mexico-Stad	**México**	[meksiko]
Miami	**Miami**	[majami]
Montreal	**Montreal**	[montreal]
Moskou	**Moskova**	[moskova]
München	**München**	[mynhen]
Nairobi	**Nairobi**	[najrobi]
Napels	**Napoli**	[napoli]
New York	**New York**	[nju jork]
Nice	**Nizza**	[nitsa]
Oslo	**Oslo**	[oslo]
Ottawa	**Ottawa**	[ottava]
Parijs	**Pariisi**	[pari:si]
Peking	**Peking**	[pekiŋ]
Praag	**Praha**	[praha]
Rio de Janeiro	**Rio de Janeiro**	[rio de janejro]
Rome	**Rooma**	[ro:ma]
Seoel	**Soul**	[soul]
Singapore	**Singapore**	[siŋapore]
Sint-Petersburg	**Pietari**	[pietari]
Sjanghai	**Shanghai**	[ʃaŋhaj]
Stockholm	**Tukholma**	[tukholma]
Sydney	**Sydney**	[sidnej]
Taipei	**Taipei**	[tajpej]
Tokio	**Tokio**	[tokio]
Toronto	**Toronto**	[toronto]

Venetië	**Venetsia**	[ʋenetsiɑ]
Warschau	**Varsova**	[ʋɑrsoʋɑ]
Washington	**Washington**	[ʋɑʃiŋton]
Wenen	**Wien**	[ʋien]

www.ingramcontent.com/pod-product-compliance
Lightning Source LLC
Chambersburg PA
CBHW070556050426
42450CB00011B/2892